東京大學最終演講

我與都市共學的這條路

「獻給投身社區營造的青年世代」

西村幸夫——著
廖怡鈞——譯

導讀

都市，一個薪火相傳的懸念

林崇傑
臺北市政府產業發展局局長

西村與台灣的情緣

二〇一八年三月來自台灣一群歷史保存的同好者，不約而同地齊赴日本東京大學，參加西村幸夫教授在東京大學退休前的最終演講。那可是突破了語言、文化的隔閡，大家自然而然地聚集他鄉異地講堂聽講。說來，台灣和西村老師的交集可是源來已久，遠從當年樂山文教基金會丘如華執行長推動迪化街保存開始，西村老師就已與台灣結下情緣。後來從陳郁秀擔任文建會主委期間，開始聘任西村老師擔任顧問起始，多年來西村老師往返台灣參與各級地方政府指導，在無數個歷史保存現場或是社區營造場域留下身影。一九九七年遠流出版公司翻譯出版了西村老師的《故鄉魅力俱樂部》，這本在台灣長銷的書籍，也讓台灣各地從事歷史保存與社區營造的朋友們當成經典教案，也是許多文史工作者的重要精神食糧。這也是爲什麼在西村老師退休前的最終講座會有那麼多台灣各地的朋友遠赴東京聆聽西村老師的最後一堂課。

在西村老師演講的現場豎著一張西村等比例的人形立牌，他所寫過出版的書一本本的堆疊起來跟他本人等高，眞的是著作等身。西村老師三十多年來的教學、立論與行動實踐，留下了許多領域的專書，包含了都市計畫、都市設計、景觀、歷史保存、社區營造、觀光發展等等，有理論實務兼具的論述、有耆老人物的訪談、或是與關鍵人物的對話，他同時也策劃了社區營造與景觀的重要雜誌出版。西村老師三十多年的豐富實踐經驗下，他不僅是育人無數的老師，他也是日本七、八十個城市與町並的社區營造與都市保全[1]導師，同時他也擔任了日本各地政府政策計畫的指導與各個景觀委員會的主席。另外西村也是聯合國教科文組織（UNESCO）下專司世界遺產指定保護的世界遺產保存委員會（ICOMOS）的委員、副會長及顧問，長期在世界各地保存場域提供意見與指導，並參與許多聯合國保存文件與條約的研訂與起草，這些寶貴的經驗都一一反映在他著作等身的各種書籍之中。可惜的是因爲語言的限制，台灣人熟悉的只有已經翻譯成中文的《故鄉魅力俱樂部》及《大家一起來！打造觀光城鄉》二本書。相對於西村老師許多精闢的見解與精彩的對話，此地都緣慳一見，實是非常可惜的事。

這本書其實是二〇一八年西村老師那場最終演講的再整理，也是他總結三十年來對於都市保全與社區營造的堅持，歸納於都市的經驗與心法。此書的翻譯一定程度的讓我們一窺西村老師的心路歷程與深入都市這門學問的堂奧，也稍微彌補我們對西村老師了解與認知的差距。

西村這個人

西村老師生於一九五二年，成長於日本快速繁榮成長而忽略了城鄉營造、歷史保存的年代，在他進入東大學習前的中學時期，正是日本保存運動開始萌芽引動的時代，原本強調發展的社會主流意識仍自強悍挺立，但是日本各地城鄉對於地方感的消逝湮滅，也逐漸興起一股不捨難忍之心，在這個特殊的氛圍情境之下，西村老師毅然的選擇了走向保存地方感這條在當時仍爲孤獨寂寞的路途。

一九六九年如西村所言，因東大醫學部引爆的東大事件中他注意到了東大工學部的角色，並在一九七三年進入了東大都市工學科就讀。當此一期間，一九六四年妻籠宿場資料保存會成立、一九六八年愛妻籠之會成立，一九七一年日本第一個住民憲章經由妻籠宿住民大會通過。同一時間，一九六四年鎌倉鶴岡八幡宮裏山宅第的開發案，促成了日本國民信託發展的重要導火線，由全民募資買下民間的開發預定地，它同時也促成了一九六六年古都保存法的訂定。接著一九七四年日本全國町並保存聯盟成立，一九七五年日本文化財保護法導入了傳統的建造物群保存地區制度。西村老師就在這個各地保存運動啓蒙的當下，進入了斯時以現代建築運動爲都市規劃重點的都市工學部，這也造成了當時他對都市工學的懷疑與距離。如西村老師所言這直到一九七七年他進入大谷幸夫教授的都市設計研究室才漸漸回歸認同。在大谷研的訓練之下，西村老師後來接手研究室賡續奠立下了都市設計研究室重視都市保全、景觀風貌與社區營造的傳統。即令二十多年後我進入了這個前身爲日本現代建築大師丹下健三開創的都市設計研究室，都可以感受到大家絕口不提丹下都市開發的過往，因爲那無論如何是二條截然不同的發展取徑啊。

西村老師在都市設計研究室期間走遍了日本七十多個町並街區，辛苦的擷取地方人文景觀脈絡、參與地方景觀的維護，並與各地方的熱心人士維繫了長久互信互動的基礎，建立了西村老師與日本各地町並街區數十年來緊密而長期的協力夥伴關係。這也是多年以後我以西村老師的外國人學生身分拜訪一些日本町並街區的時候，地方致力於景觀營造與社區工作的朋友，仍然會很興奮地拉著我這樣的一個外人，告訴我這裡是西村老師的建議、那裏是西村老師的指導，這些點點滴滴都在訴說著西村老師長期在日本各地努力經營與參與的成果。

西村老師在東大期間，走遍了日本七十多個町並街區，並深入的體會日本「町並」這種都市中複數建築連續並排的街廓形態，並看出了這種都市性格中「多樣性」與「協調性」的特質（西村語）。基於對都市與町並的尊重與喜好，西村老師長期從事於都市與町並的調查、規劃與輔導，並深入的參與了各地町並組織的討論與全國町並保存組織的活動，這種與各地緊密而長期的協力關係，讓西村老師與各地町並的關係歷經二、三十年而不墜，這種與地方長期脈絡的互動以及發自內心眞誠的關切，不僅體現於日本各地的町並街區，在亞洲地區，從台灣的迪化街、馬公等諸多歷史街區，到中國的廈門、澳門與東南亞的馬來西亞、泰國、越南等地，都有他長年往來關切的足跡。

西村老師不只擔任日本各地的指導顧問、各種景觀審議會、觀光委員會的委員、主席，同時又是ICOMOS的委員，長期奔波於世界各地，在有限的時間下，他也承繼了大谷幸夫研究室「寬容的放任主義」的精神，鼓勵學生獨立思考與自己解決問題的能力。這種鼓勵獨立自主思考、以及同儕之間協力合作的精神，讓他的研究室有一股難以說明的凝聚力，許多研究工作或是參與地方町並活動研究室都能自動自發的運轉自如。每每日本各地有了保存或社區營造的議題發生，研究室不待任何的政府委託，便即動員組織趕赴現場參與協助。這種參與實踐的精神已經從西村老師的身教中內化爲研究室同學的基本態度。我參加過幾次日本全國町並大會，他們晚上的火鍋會（其實就是工作坊）從晚餐後一直到天亮，完全由學生們自己分組探討、交相辯詰徹夜反覆討論。面對全國性衝突議題的跨校獨立討論運作過程，讓我看到同學們獨立自主的能力。同樣我也看到許多西村研究室的學長們爲研究議題，孤身海外在不同城市考察研究的鑽研，這都說明了西村老師寬容的放任主義帶出來學生的研究風氣與實踐精神。

西村老師本人非常積極於參與各地的社區實踐，但同時他也一向的低調謙虛與內斂。在他強調地方精神與地方主體的態度下，向地方學習、參與而不居功，從町並聆聽、尊重而不主導，他作爲各地町並的實質導師，卻如沐春風與所有的町並街區共同學習成長。這樣內斂的態度讓大部分他的學生與地方認識他的人，都不曉得西村老師同時參與日本全國各地、乃至世界各處保存現場與社區營造場域所扮演的多重輔導角色、與付出的巨大貢獻。

三十多年來西村老師在都市設計、景觀、社區營造、都市保全、觀光營造等各個領域汲汲努力，從日本各地、台灣、中國、東南亞乃至世界各地（包含聯合國 ICOMOS 的派遣）奔波與參與指導討論。從理論論述、規劃案例、參與行動、社區對話，各種形式的闡述推廣與論述實踐，積累出西村老師豐厚的經驗與學養。三十多年來的實踐積累，西村老師在他的最後一堂課，將之總結為他對都市的觀察與實踐。這個都市的十個心法反映了西村老師念茲在茲的都市及其所能涵蓋的精神、性格與價值。也是他在數十年來從學生時代參與全國町並活動，到從事教學與參與社會實踐，從日本原鄉到親赴世界各地行動參與累積的豐富人生經歷的萃取。這本書正是西村老師最終講之後，重新沉澱凝鍊整理出來的精粹。

西村這本書

一如西村老師所言，這本書是寫給一般普羅大眾看的書，從他侃侃而談、溫婉親切且行雲如水的筆下，也的確讓讀者在西村老師的引導之下，自然而然的接觸都市、了解社區營造，並從西村老師揭示的十個面向，重新省視我們的都市、重新認識我們所在的土地與人們。然而更深層的來看，西村老師的這本書，也是他沉澱數十年實踐所得的心法，蘊含了他走遍世界各地、歷練各處風土之後深切的都市哲學思考。看似簡單溫婉的行筆，背後卻蘊藏著深厚複雜的哲思，這讓我想起有一次西村跟幾位專業先進在華山文創的屋頂，先後集結了德日美等國專家的意見，看著與歷史建築與順著排水管已經盤根交錯與建築互為依存的榕樹，大家討論樹的存留問題時他所說的話：「先保樹還是先保房子，這是保存的哲學問題！」的確，在單純的問題之後，潛藏著的是複雜的哲學思考。

西村老師在書中辛苦地安排了多幅他所親自拍攝的照片對照參考，希望更為容易的讓一般讀者了解書中所述的討論。然而對於像我這樣的資深都市設計工作者而言，這些照片卻更是一個個具體的都市設計與景觀營造的教案範例。隱藏於文字與照片之後，書中不言而喻的都市設計概念與規劃理念，才是字字珠璣、張張典範。這其實是一本藏數十年經驗於內涵、蘊行動實踐於字裡行間的寶貴教案。這本書既淺顯易讀，易於一般讀者貼近都市入門堂奧；它也深奧繁複，將諸多都市的意喻埋藏於多層寓意的文字之後。

西村老師闡述的十個都市心法，看似各個獨立論述，其實卻是完整延續的循環構成。聚焦於都市獨有的歷史脈絡與風土人情構成的都市性格，及其生活其間極具魅力性格的頭人們，所共同形塑而成可以意會難以言明的都市構想力，並且互動形成都市的多樣性與和諧性。西村老師也提出了虛心傾聽與接觸這種難以言明之都市構想力的必要，它成為每一個想深入都市或參與都市的年輕朋友學習的必要門徑，唯有這種投入傾聽的學習態度，我們才得以真正了解都市，從而成為共創都市的一份子。

西村的十個都市心法環環相扣，先以四個章節鋪陳了都市無以名之具自主性的都市性格，它既承接了都市傳承歷史的形成軌跡，也孕育了作為載體，都市所承載生活其間的人們及其世世代代承續的文化。西村老師反覆闡述著這個彰顯於外爲都市景觀形貌、蘊育其中爲都市性格，而承續這份衍替的則是世世代代接力傳承的文化脈絡。西村老師並以都市構想力描繪出維繫都市形貌與漸隨時代演替的力量作用，並特別提出了在時代演變中賴以維持世代傳承的「老規矩」的重要性。

西村老師在第二個主要的段落裡，重點於作爲都市構想力維繫的根本、世代傳承演替的主角，也即是生活於都市中的居民作爲重心。因爲這些日復一日堅守著心中的堅持，活出都市活力的人們，他們所形塑的魅力凝聚出了都市構想力的核心精神。這些動人心弦並能帶動都市魅力形成的人們，說穿了也不過是堅持著日常生活中老規矩的傳承吧。意即這些活出魅力的人們其實是都市中延續社區營造的根本動力，是維護社區基本性格於不墜的薪火傳遞。西村老師在此闡述了「居住」與「定居」的深刻意涵。因爲定著一地、因爲執著於都市裡的社區，讓社區居民的精神得以凝聚，也因爲這個凝聚與對傳承的尊重，從無形文化脈絡的賡續，到有形物質文明的維持，都市構想力得以深植於社區營造的脈絡之中。

最後一個段落，西村老師用了四個篇章以他三十餘年豐富的工作經驗帶領年輕的你我，尤其是關心都市、關心社區，有志於社區工作、都市營造的後來者，如何傾聽在地居民的聲音、如何融入社區之中，如何發現都市性格形成的法則與脈絡。他教我們如何進入都市承接都市百千年來的付託，這份期待既來自生活於此的居民們的共同盼望，也來自百千年來都市性格形成的意志。我們必須以最大的誠意、最謙虛的傾聽、最豐富的想像力去面對都市，我們才能眞正融入都市，與居民一起學習、一起成長、一起尋路。

西村老師嘗試提醒年輕人，放下自我的妄執與學術的驕傲，以生命貼近社區，從而發現都市構想力的脈動，並能進一步在社區的老規矩之下，與在地居民共同尋找都市持續的活力。

西村老師的都市十個心法，其實總結著他對都市、對社區營造的心血經驗。它既是十個接續的心法，也是一個整合的態度、一以貫之的價值。這條路西村老師伴隨著日本、亞洲城市、與世界各地許多的城市社區，以及都市裡鮮活的人們一起走過三十年。現在，一如本書的文案訴求：獻給從事社區營造的青年世代，他將這心法傳給了年輕的一代！

1 都市保全（Urban Conservation）：即所謂的都市（景觀）保存維護或都市保育等領域。本書中採用日本學界慣用的「都市保全」這種說法，「保全」的定義著重於保存與維護並行的面向。

推薦序

迎向未來——當人與空間相遇

臺灣公共廣播電視集團董事長、前文建會主委
陳郁秀

二〇〇〇年五月，我接下行政院文化建設委員會主委之初，即以約五十年爲時間軸，思考文化變遷與發展，訂定長遠的文化政策，並每年制定一個施政主軸主題，希望逐年能聚焦以累積達成目標。二〇〇一年訂爲文化資產年，二〇〇二年爲文化環境年，二〇〇三年爲文化創意產業年，二〇〇四年爲文化人才年。而二〇〇一年除推動閒置空間再利用、歷史文化產業資產保存、歷史建築百景徵選運動、文化資產法修法等業務外，爲了和世界接軌、引進國際經驗，加入「世界古蹟日同盟」，推動台灣古蹟日，並遴選「台灣世界遺產潛力點」等工作，開啓了國人對「世界人類遺產」了解之濫觴。由於日本的社造和文化資產保存歷程，有許多經驗是台灣可借鏡參考，因此多次親自赴日考察訪問，期間承蒙西村幸夫教授數次陪同，從旁仔細的說明相關觀念與方法，受益良多且理念契合，也因此特聘教授爲文建會首席榮譽顧問。直至今日，彼此仍保持聯繫，時常請益，是此生難得的亦師亦友之國際友人。

社區營造是「造人」的運動，教授正是以社區總體營造的觀念推動日本街町保存領域的第一

人。一九九七年出版的《故鄉魅力俱樂部》是台灣各界推動社區營造的經典基礎工具書。而在二十多年之後即將出版的《東京大學最終演講——我與都市共學的這條路》這本新書，成爲都市規劃、社區營造、景觀設計與歷史建群等空間領域，開拓更長久寬廣之路的一本指南，它建構一個學習與實踐的方法論，重點在傳遞新的觀念，即是社區營造的關注領域，不僅局限於在地社區，也應將焦點與範圍投射到平時活動的街區或跨區域的空間，以及各司其職默默生活其間的居民，可稱爲「都市社造化，社造都市化」的途徑。

書中圖片，分類成不同主題與小分類，並註記定義、內涵、觀察角度、歷史由來、時序變遷情形以及拍攝時間、地點甚至位置，彷彿就是日本地理小圖誌，和本文同樣精彩。而圖片章節，每個主題都以相同的角度拍攝，內容也大多以道路爲主軸，帶出地形、道路形狀與周邊建築體，可對映出彼此的異同，也清晰呈現都市生活場域和生活形態的差異及多樣性，甚至展現各自的個性；相同地點不同時期的照片，也是以相同的角度拍攝，對照間更可勾勒出該地時代的演變過程，西村教授的用心，令人動容。

書中的十個心法，其實是實踐的理念、態度與方向。值得一提的是，爲讓讀者更清楚的理解都市的意涵，將都市空間比喻爲大家熟悉的物件。如有關都市，之一，比喻爲一個容器，具備寬闊度量且以自己的形式，平等的對待與容納每位居民的期待。之二，認爲都市是一本由無數作者共同撰寫的書，但兩者的差異是，居民是讀者也是作者甚至是粉墨登場的主角，都市的各個角落，是長時期經由多人共同形塑，無法分別其作者，且將被世代接力的持續書寫，情節也可能改變。之三，擬人化，具構想力，有目標的一步步改變自己的模樣，主導自己未來的方向；生活在都市的居民也是都市構想力的一部分，必須持續客觀審視問題掌握宏觀的發展方向。市容之四：具性格，每個都市的地理環境和歷史、社會經濟發展條件不一，構想力不同，並以各自的方式呼應環境，日積月累下孕育出不同的性格，這就是空間的價值所在，也是都市魅力的來源。接著，都市居民上場，魅力都市與充滿魅力居民，兩者互爲因果且密不可分；居民與人際關係的重要性，尤其是家庭主婦等尋常百姓和在地公務員的本質、角色，以及在「遇到萬一」時可發揮的領導功能。後四章提示有志者未來可行的態度與方向，教授認爲都市、社造和社會學、地理學、歷史學或考古學有關，深入了解不同都市建構的歷史、過程與特質，從歷史演變或其他都市經驗中歸納出理路，尊重老規矩的共識，並親臨現場、積極參與，從中尋找同好和正確可行的方向，才能將都市的普世價值在時序流動的軸線上順利的傳承與累積。

在台灣，關於空間議題，在文資保存與活化上，已從單點的古蹟、歷建擴展到聚落建築群；在城鄉風貌改造上，有宜蘭經驗、高雄市城市蛻變，台南市神農街、台北迪化街歷史街屋活化等案例。就個人經驗與各位分享，二〇〇二年提出文化創意產業政策[1]即提出文化空間爲創意載體的概念；二〇一二年，白鷺鷥文教基金會舉辦「蘆葦與劍研討會」，特別以《文化、城市、空間》爲主題，探討彼此間的關係、問題與策略；二〇一三年起連續三年，爲實驗與落實研討會所彙集的理念，在台南和成功大劉舜仁教授合作以民間智庫的角色，協助台南市政府規劃台南市文創大道[2]，台南市發展藍圖[3]以及產業總體規劃等案[4]。以上作爲和思維方向和西村教授自二〇〇〇年專研的都市空間研究，認爲都市規劃設計需重視歷史脈動，應將規劃視野拉長到過去—現在—未來，以及重視想像力、設計思考與地方公務員功能，似不謀而合，甚爲驚喜。

近年，台灣參考日本創生經驗，積極推動地方創生政策，相信本書提供可借鏡的思考邏輯與執行方法，閱讀者從中必能找到解惑之道。對於生活的載體——空間，我們可效法日本街區建構多樣且和諧風貌，維持和景觀秩序的精神，培養自己成爲有魅力的人，具遠見和世界觀，從了解在地地理、歷史、社會變遷脈絡與風土習俗中，積極親身參與，以同理心學習遵守共識的態度和在地產生鏈結，發揮想像力和團隊力量共同爲美好的未來奠定基礎，善盡這世代應承擔的使命與責任。

讓我們，攜手齊力發掘台灣都市的魅力吧！

1 文化創意產業分為文化空間、文化服務與文化產品三個層次，其中，文化空間大至國土規劃、區域發展、城市治理，小至聚落、社區，而創意的基礎在於在地的 DNA 與特色，促使產業經由科技、藝術與行政的加值，提升價值。

2 當時，傅朝卿教授以老台南市的城市歷史發展軌跡，提出古城、府城、大學城串聯成三城計，勾勒出台南創意產業的發展軸線。

3 白鷺鷥基金會與全球頂尖都市空間設計公司 AECOM 合作，擘劃台南市未來五十年的發展藍圖。

4 每年的執行策略都是以設計思考與跨部門整合的方式，為台南市政府各局處（包括文化、都發、經發、交通、農業以及觀光共六個局處）帶來顛覆傳統官僚體系的政策思考觀念與方法，更吸引印尼政府到台灣學習這套策略操作與跨部門合作機制模式，也彙集成《大象跳舞》乙書，闡述龐大的政府組織如何跳脫框架、展現創意，實踐創意治理模式。

推薦序

人們共同參與的空間與社會

夏鑄九
台灣大學建築與城鄉研究所名譽教授

自一九九〇年代中期經由樂山文教基金會丘如華執行長與當時正發生的臺北市迪化街保存運動的過程中認識了東京大學都市工學科西村幸夫教授，之後，無論在亞洲規劃學院學會（APSA）在東京和香港創辦，與學術、專業以及社區營造和保存議題的活動中，或在亞洲的不丹、雲南麗江、山西磧口、杭州運河旁的工作坊均互動交流密切。現在，遠流出版公司的《東京大學最終演講——我與都市共學的這條路》中文版出版前撰寫推薦序，自是榮幸。

本書是西村教授東大退休講座的文字出版，也是他一生都市實踐旅程的整理。西村教授的學術思想可以說是一九六八年之後，具代表性的、有反省性的都市實踐的日本規劃學者。他在著名的一九六九年東大學生運動佔領安田講堂事件中看到了東大工學系都市工學科的存在，之後以第一志願進入就讀，然而，當時在美利堅強權維持世界和平（Pax Americana）的歷史時勢下，因應戰後日本版本的福利國家技術官僚價值觀，仍居東大學院主流的現代主義的建築與規劃論述（discourse of modern architecture and urbanism）狹隘的技術理性取向，戰後大師的英雄身形之下，卻是沒有人氣的地方（place），也是沒有歷史記憶的建築與城市，始終無法吸引西村的年輕心靈。終於，他由大谷幸夫教授的都市設計研究室「寬容的放任主義」與日本町並保存運動和研究中，逐步獲得了知識與實踐的動力，這是戰後日本市民社會動力跨越經濟發展掛帥與國家權力支配的初步展現。日後他與臺北迪化街的店屋與街廓保存運動，以及致力保存運動的臺灣市民團體相遇並非離奇，也算是空間—社會轉化下的都市經驗共鳴與歷史緣分吧。

作爲町家與町並，這種都市型住宅類型與市民都市經驗，與臺灣城市中的店家與店屋及市民都市經驗，如臺北艋舺的剝皮寮、大稻埕南街、三峽、大溪、深坑等等，在保存運動的過程中確實有不少可以對話與分享的地方，值得多說幾句話，重新定義建築與都市：

店屋，是宋代商品經濟發達以後華南商業城鎮中重要的建築類型，縱深狹長土地分割私有基地的並列配置（在閩南彰泉稱爲竹竿厝），硬山擱檩構造作法支持著社會空間，即店面、天井、前店後屋（厝）或作坊的空間組織。清代臺灣，這個黃金店面寬度是唐山對渡回程壓艙的福州杉長度，通常不超過四公尺。店屋面前作法多有亭子腳，由於對渡港口不同也造就亭子腳尺寸不一。閩南稱亭子腳，潮州、汕頭稱五腳砌。後來，並不是之前，也是吉隆坡、檳城、新加坡牛車水的華人店屋裡常見的建築類型與作法，five-foot-way，就是後來以牌樓厝正面象徵表現的店屋與騎樓。後來的日本殖民者統一稱騎樓，以建管法規範。因爲騎樓係私人土地公共化，提供商品交易空間與遮風避雨穿行過道，是有意義的都市公共空間，采法令補償，建物上部之營造不計入建蔽率，騎樓尺寸由各城市都市規劃與建管自定。如臺北爲三・六四公尺，臺中則爲四公尺。亭子腳作法的原型，還可加上浙江山區如寧波，沿狹長等高線營造的樓屋與它前面的廊簷，和長江三角洲水鄉沿河長街，河港，以及運河河坊街，稱爲廊簷或簷迖。在四川則稱涼廳子，如羅城、肖溪的街道、觀廟、小廣場、戲臺、茶馬古道騾馬飲水處、客棧、老茶館等聚集，是城鎮川民日常生活擺龍門陣的地方。至於明清川鹽濟楚，在商貿村鎮與古鹽道上稱爲涼亭，如湖北恩施慶陽椒園鎮土家族苗族自治州涼亭街與彭家寨兩河口村涼亭街等，山區一華里長連續的穿斗式木構建築吊腳樓作法，克服了地形落差，此時「涼亭」已經「主動迎客並提供遮蔭避雨」成爲「街道營造」的一部分，積極經營著川鹽通道與商業消費節點。涼亭街的空間的文化形式與清末中臺灣鹿港作爲唐山對渡的行郊碼頭與店屋亭子腳市街的「不見天」如出一轍（後毀於日本殖民現代性空間再現的都市計畫），共同締造了傳統城鎮裡的街道活力。甚至，臺灣阿美族好客在家門前吃吃喝喝的地方，「社區家門口吃喝地方」（巴道西，badaosi），或是延藤安弘教授界定的日本住宅中的「緣側」（engawa）等空間——社會的元素，這些是地方師傅方言裡一直流通的營造措辭，卻是被現代專業者視而不見的營造類型。總之，這些空間原型是私人空間的公共化過程，是屋主對公共開放的邀請、歡迎之情的再現空間，因此，街道，正是市民與都市的象徵。

因此，西村對臺灣的專業界與社會影響延伸及社區營造（まちづくり）自非意外，這其實是

「造街」，更是「社區培力」，社區共同體的營造（community empowerment），也就是「造人」，或者說，社會關係的重建。由這個角度來看，難怪現代建築師專業與社區營造格格不入。西方的當代建築師自文藝復興之後浮現，人與物，主體與對象分離，黑格爾所謂的主體與客體間的斷裂，曼菲德．塔夫利稱爲：對歷史的遮蔽與侵蝕（the eclipse of history），現代建築師的形式主義思想根源正在於此。於是，普同的現代性的經驗方式是斷裂，時間加速，爲資本主義商品追逐，謀殺未來的貪婪與慾望所惑。

在這個層次上，西村幸夫教授重新定義過去日本現代化移植的漢字「設計」（デザイン，英文的design），不再執著於客體與物對象，避免拜物教傾向。於是他再三致意的規劃理念，與一九六八年之後的美式社區設計（Community Dersign）有志一同，回到社區，看到都市社會。以及，西村幸夫的都市設計取向，與試圖拒絕美式專業與學院裡形式主義取向的都市設計（Urban Design），重建城市設計（City Design）的凱文．林區（Kevin Lynch）取向，遙相呼應。以至於他的小尺度空間實踐落實爲修景計畫，與克歷斯多夫．亞歷山大（Christopher Alexander）的基地修復（Site Repair）模式，眞是英雄所見略同。這也就是說，建築物經常會設在基地條件並不好的地點，這是需要修復的基地。這個傾向符合山水畫裏面對基地的東方哲學，盡量保留著完美無缺之地：宜居之地藏風聚氣，缺憾還諸天地？（正是沈葆楨在台南借著鄭成功的反思，個人基地缺憾與天地大道相較，微不足道也）也正是西方現代性的對照，莫占盡天下至好，貪求個人享用一切。設計能力的考驗就是能把基地上條件不良的地點修復改良，藏風聚氣，而不是自私而貪婪，盡享風水。由於大部分的現實基地都已飽受傷害，發掘潛力，基地修復，反而是「專業能力」的最眞實挑戰。

最後，西村提供的心法，都市空間構想力，不正是他三十餘年心力建構的設計模型（design model）與原型（proto types），或者說，能夠在參與式規劃設計過程中與市民溝通的「設計模式」（design patterns）嗎？且讓我們共同分享，以及藉此，期待能建構我們自身的模式的過程嗎？

推薦序

城市是書，可居可讀可改寫

臺南藝術大學建築藝術研究所教授
曾旭正

西村幸夫先生是對台灣社會有恩的人。早在上個世紀末，他的書就激勵著投身社區營造的第一代。他對文化資產的關切，也透過交陪台灣好友而支持了迪化街、三峽老街乃至澎湖二崁等地的保存工作。如今他自東大退休，出版這本著作，我很榮幸加入推介的行列。

時間與空間始終是人類嘗試理解自身處境的兩大主題，每個時代都有思想家提出見解，但不同時代對時間或空間的偏重有所不同。法國哲學家傅柯（Foucault, M.）在一九六六年的一場演說中就：「十九世紀的重大執迷是歷史……當前的時代或將是空間的時代……我相信，此刻我們有關世界的經驗，比較不是穿越時間而發展的長遠生命，而是連結各點且相互交錯的複雜網絡。」隨後傅柯提出異質地方（heterotopia）的概念，很精采地演示了他對眞實空間與發揮映襯作用的異質地方的獨特分析，經由他那獨特的分析角度，揭露空間在當代社會的重要性，因此對建築、地理學、都市研究、藝術評論及文化研究等領域都提供了難得的啓發。

進入二十一世紀，空間議題因著網路的發展而更加火熱，可惜傅柯在一九八四年去世了，來不及經歷這個網際網路席捲全球的新時代，也錯過社群媒體全面改造社會脈絡的新局面，否則他一定可以對空間的社會角色提供更新奇的見解。現今，網路無遠弗屆，搭配輕巧的手機讓人可以隨時隨地上網，瞬間跳離當下的情境；再加上宅配的快速服務，各種消費零距離免等待，三十年前根本無法想像生活中佔去最多時光的是上網而不是出入空間！

於是，都市與鄉村的分野鬆動了，大都會與小鄉鎮擁有同等的能見度，感覺世界更平了，網絡連結直比空間遠近來得重要！然而，這意味著實質空間不再重要嗎？在城鄉間如何生活不再有魅力嗎？

熟稔都市空間與社區營造的西村教授顯然不這麼認爲。因此，在他退休之際，他熱心地整理了數十年來對日本大小城市的觀察和對社區營造的關懷，在東京大學的退休講座分享他從都市收穫的十個心法。首先他說都市承載了世代傳承的寄託，因此我們應該對都市空間深懷敬意。接著他指出形形色色的都市面貌，引導讀者將都市視爲一本接力撰寫的書，要好好讀出都市空間蘊含的構想力，但也不要忽略了住在其中的人，因爲這些有魅力的人自信地生活其中才使都市充滿魅力。看似不變的日常，卻藉著積累而蘊含豐厚的力量，因而一則承接過去的託付，同時又可以帶著豐富的想像力而與眾人共鳴，共同成就有魅力的都市生活。

細心的讀者會從書中發現，「魅力」與「構想力」是西村教授一再使用的關鍵字。早在二十多年前，他就以《故鄉魅力俱樂部》爲名，出版一本介紹十七個日本案例的書。這些案件遍及城鄉，規模也各自不同，但共同的是都有一群熱愛家鄉的人，透過集體行動來感召居民投入社區營造，善用自身的空間資源（歷史街屋、河川、街道等）而有效創造城鄉魅力，也創造了動人的故事。對作者而言，因爲人的努力而呈顯出來的才是魅力，而社區營造既包含了人與空間，正是創造故鄉魅力的主要場域。

構想力呢？他說這是一種將城市擬人化的說法。他認爲都市彷彿擁有構想力，有目的地推動居住其中的人，一步步改變城市的模樣。但生活其中的市民也有其構想力，於是人以及人的行動都成爲都市之構想力的一部份。他進一步撮合社區營造與構想力的概念，建議從都市的角度來思考社區營造：所有小規模的行動，其實都被涵括在更廣的都市動態之中，每個都市的歷史脈絡、地形與氣候不同，會培養出不一樣的都市性格，這樣的個性，再結合都市內部更小範圍的地方風土或社區特色，將形成一種引導都市前進的構想力。而這一切都不是靜定的，居民的生活形態會持續變化，都市空間也不得不同步調整。所以他提醒，作爲研究者或生活者都不該傲慢體對都市指指點點，而應謙遜但堅定地摸索自己登場的模樣。

除了侃侃道出分析觀點，本書的另項特色是圖片非常豐富。這些照片都是西村先生從日本大大小小的城市親自拍攝的街道景觀，除了配合內文作說明之外，這些照片也提供讀者另類的思考空間。譬如，從中看到日本城市中的道路景觀，發現再小的道路也都劃分出人行的空間，彷佛告訴我們：人走的地方才是道路的根本，不應該將它當作選項，可有可無。反觀台灣，我們對街道太欠缺構想力了，不論城鄉都普遍忽略人行空間，根本就不曾掌握道路的本質。

此外，從照片也可發現，日本的諸多中小城市都有完備的公共設施，其工程建設品質並不輸都會區，此外它還擁有都會所欠缺的各種資源，譬如動人的人文歷史、保存完整的老建築以及相對寧靜的生活等等，實在是比都會適合人居的地方。但近年來，日本的諸多中小市鎮卻面對人口減少與老化的衝擊，一個個面臨衰落甚至瓦解的困境。這不禁令人疑惑：爲何人們非要往都會移動？

在網路的時代，其實更有條件重新思考離開都會的可能，在日本方興未艾的地方創生正是這樣思考脈絡下的產物，而深度認識都市正是地方創生的第一步！

推薦序

歡迎來到西村田野學校

丘如華
台灣歷史資源經理學會秘書長

西村幸夫教授與我結識在一場氣氛緊張的國際會議上。

一九九一年，聯合國區域發展中心（United Nations Centre for Regional Development，簡稱UNCRD）在馬來西亞檳城舉行「都市保存與公共參與研討會」，當時由於國人在紐約爭取加入聯合國，主辦大會只容許台灣代表團入會旁聽，但是在民間主辦的學術交流會上，我們仍然有機會報告台灣政府與民間團體爲都市保存所付出的努力。我們的發言引起各國專家學者注意，多位與會者提出「關懷文化資產應當超越國界與政治」的看法，倡議成立國際非政府組織，而催生了「亞洲及西太平洋都市保存聯盟（Asia and West Pacific Network for Urban Conservation，簡稱 AWPNUC）」。

西村幸夫教授正是當時爲台灣仗義直言的重要夥伴；容我在此以「西村老師」這個習慣稱呼來述說之後的故事：西村老師在大會上侃侃而談都市保存理念，其中談到人與都市的互動吸引了我的注意。會後我告訴老師台灣各地正面臨經濟開發壓力，民眾普遍對保存觀念不理解，加上相關法規仍未到位，聚落保存與文化資產事務希望老師來台協助，西村老師在了解台灣處境以後，緩緩翻開那本陳舊的手帳，上頭寫滿了密密麻麻的小字，緊湊的國內外行程已經排到隔年，卻還是想盡辦法安排，在一九九一年底來到了台灣。

此後幾年，西村老師成爲台灣社區的良師益友，足跡遍佈全台。西村老師總是爲台灣中央政策與地方單位提出其前瞻理念與精闢建言，多次來台爲中央政府與社區居民擬定策略方案，每次也都吸引各地住民與師生追隨學習，將家鄉守護的種子散播到全台鄉鎮。我們參訪鹿港時交換台日歷史街區保存的心得，在三峽討論老街的未來可能性，在大稻埕分享「我愛迪化街」社會運動之後的策略走向，走過澎湖二崁聚落、金瓜石與九份。令我印象深刻的是，西村老師與學生們白天研究黑屋頂與礦區，行過高低曲折的山路，晚上師生們就在教堂外的狹小房間與學生們在木板上打地鋪睡覺，克難地沖洗冷水澡，在沒有民宿也感受不到商業氣息的金九地區，與環境共學的田野踏查熱切地進行著，逐漸勾勒出東北角以至平溪與猴硐的獨特地理景觀，那時我們誰也沒想到這樣沒落的海岸山城，如今成爲台灣的觀光亮點。

延續 AWPNUC 精神，西村老師與我偕同亞洲各國在地組織於二〇〇二年創辦「亞洲資產國際田野學校（International field school for Asian Heritage，簡稱 IFSAH）」，以生活文化（Living Culture）爲核心概念，透過實地參訪田野場域、調查地方人文歷史及相關議題，讓學員共同討論分工完成對當地具建設性的報告，第一屆在二〇〇二年於泰國舉辦後，陸續在馬來西亞、印度、印尼、南印度都舉辦過，我們在旅行中學習，離開曼谷驅車穿越叢林探訪世界遺產，到普吉島感受觀光人潮以外的在地生活，有時甚至必須克難地夜宿在長途巴士上，讓亞洲各國年輕學子跟著當地居民去學習田野地區歷史、建築、宗教禮俗、族群生活、傳統產業及技藝、城鎮發展等諸多面向，透過身體力行與五感體驗眞實生活，當地住民各行各業皆是我們的導師。亞洲田野學校督促我拓展對於東南亞及南亞國家地域文化的興趣與認識，培力不少各國文化尖兵與中堅份子，其中不少已是各專業領域的領導者，在理念上，組織運作上，教育推廣上，都極具示範作用。

在返台投入社區工作之時，西村老師《故鄉魅力俱樂部》一書及「城市的遠見」系列影片中的「古川町物語」，則成爲我們得以對照學習的社造聖經。古川從四十年前改變一條小小水道命運開始，一連串動人的社造行動至今不曾停歇。古川居民用細膩的心，佐以時間長度醞釀出動人的愛鄉故事，如同老師所言：「每一次去，古川都在進步！」這也是我願意一再地跟台灣民眾分享的家鄉守護案例。爾後在由西村老師擔任顧問的公共電視「農村的遠見」、「南國啓示錄（製作中）」系列影片中，傳達給觀眾的仍是各地行動者總是在路上的辛勤姿態。

二〇〇一年爲了提升在各地民眾對地方歷史的認識，在文資法尚未納入歷史建築的年代，透過西村老師的協助，文建會舉辦了「歷史建築百景徵選活動」。全台灣當時二十三個縣市各自甄選十景參加，再由全國民眾投票，透過這種最簡單又有效率的民眾參與活動，讓大家理解到文化資產就是我們日常所處的家鄉眞實生活。

此後西村老師在協助台灣文化保存這條路上的腳步仍不停歇，並且積極引領我們邁向世界。「世界遺產」曾經是台灣民眾一個陌生的名詞，被認爲是高不可攀的國際標準，然而世界遺產原是屬於世界上每一個人的，世界遺產所標立的保存觀念與修復基準更是放諸四海的前瞻思維，必須有系統地引介到台灣來，透過西村老師在世界遺產領域的專業與地位，二〇〇二年行政院文化建設委員會陳郁秀主委大力推動並邀請國際學者專家協助現勘研究，開始規劃一系列的世界遺產教育與潛力點評估計劃，開啓了台灣普遍對於世界遺產的觀念。後來計畫由於政策改變而一度停擺，在二〇〇八年西村老師拜會當時文建會黃碧端主委，倡議延續「世界遺產推動委員會」，使世界遺產推動計畫重新出發，如今全台共計有十八處世界遺產潛力點，世界遺產的觀念與教育推廣正持續在各地萌芽茁壯。

西村老師對我生命另一重大影響，是在一九九二年引介我參加日本全國町並保存聯盟於九州舉辦的第十五屆町並大會——吉井大會，日本全國町並聯盟是居民由下而上辦理的自發組織，藉由地方到中央各個投入家鄉守護的人們一起公共討論發現社區問題並尋求解決，可學習到民眾參與的精神以及官方如何跟民間學習的良好傳統，也因此構成了日本從城市到鄉村街區保存的網絡平台。我多次帶著幾位年輕的研究生及全台各地包括迪化街、湖口、三峽、金門、馬祖、美濃……等地居民與公務人員與會並參訪日本許多聚落，西村老師即便未能每次親自陪同，也必定介紹當地朋友接待台灣的訪客，讓我們多次親眼見到投入家鄉守護的住民與街角處處巧思，深受感動。而今，這些歷史街區已是國人旅日的重點行程，同行友人也都在台灣各地持續努力耕耘。

與日本全國町並保存聯盟的長期友誼與交流，我們不僅學習日本經驗，更能與各地社區組織教學相長，二〇二〇年一月出席第四十二屆町並大會——川越大會，已是我第二十三次參與大會，除了古川町，在妻籠宿、石見銀山、倉敷、小樽、足助町、鞆之浦、竹富島……等地都結識了爲家鄉守護而堅持的朋友，豐富了我的生命經驗，好幾位町並聯盟的領袖們也都是支持我多年來前進的動力：我曾兩度到北海道向峯山富美女士取經，她也曾親筆寫信鼓勵、支持我，我在竹富島的好朋友上勢頭芳德，以及特別景仰的妻籠宿小林俊彥先生都曾受邀訪台，介紹他們守護家鄉的行動與理念。

西村老師與日本全國町並保存聯盟也曾爲我愛迪化街保存運動費盡心力，面臨拓寬計畫的迪化街危機，西村老師自發號召日本各地學者與地方代表連署了聯合請願書，我與夏鑄九教授也陪同西村老師帶著請願書向市長溝通，在這段保存過程中所創造的國際輿論能量，著實給予保存運動莫大的鼓舞。經過多方努力，終於在二〇〇〇年「大稻埕歷史風貌特定專用區」都市計畫通過，讓爭議已久的街道拓寬問題正式畫下句點，大家往往看到最後的結果，然而過程中每一位國際友人的支持與協助我都銘記在心。

大稻埕都市計畫通過後，我感覺自己放下了心中一塊大石，身心靈都需要重新充電，於是提出申請，在日本交流協會的支持之下前往東京大學進行為期兩個月的短期研究，在都市設計研究室與東京大學師生共同學習。學習北澤猛先生的橫濱經驗以及協助推動松居秀子女士的鞆之浦保存運動，也是在研究期間得以近距離觀察西村老師與學生們的互動，從日本各地聚落保存的參與行動，到承繼丹下健三在尼泊爾佛祖誕生地藍毗尼（Lumbini）的園區朝聖規劃，都是多年持續而努力不懈的持續行動。

過去在台灣若談到保存，大家往往只想到古蹟的保存，藉由本書，可以重新正視如何面對保存與發展的矛盾，作為台灣歷史資源經理學會許多理念的引路人，西村老師時常與學會夥伴們共同挽起袖子來工作，二〇一二年西村老師首度介紹「歷史性城鎮地景」概念給思索著舊鐵道沿線產業遺產群未來方向的台北，也將整個東京大學都市設計研究室帶到平溪線上各車站參與設計工作，老師所堅持的都市保存哲思也帶領我們從台北舊鐵道沿線策略延伸至西區門戶計畫，督促著我們時時精進自我。誠如本書所訴求的，青年世代的參與是多麼重要，我想這也是西村老師持續針對各地青年學子及公務人員辦學教育的原因吧！

本書是西村老師在台灣第三本中譯書籍，是一位總是在路上與都市共學的大學教授中心思想的集結，也是當年那位迷惘學生多年後累積沉澱出的城鄉觀察。西村老師說過書籍發表是為了讓更多人認識各個角落正努力著的人們，他總在穿梭於世界各地旅程當中持續書寫，每年訪台就帶來新出版或編撰的新書。筆耕不輟且著作等身的他尚有許多書籍未能翻譯給中文世界，除了專業的都市景觀書籍，包括《都市空間的構想力》一書深究了構想力理論、《縣都物語》是為四十七個日本近代縣市撰寫都市史的宏大計畫，以及西村老師與日本町並保存先鋒對談的《證言・町並保存》，期待未來能有機會陸續讓大家閱讀西村老師這些重要作品。

在二〇〇〇年結束東大短期研究時我曾這樣問西村老師：「現在，我算是你的學生了吧？」如今靜下心來閱讀這本書，想想我們其實是戰友啊！我們各自在不同的地方努力著，卻有著相同（而且頑固）的信念，對於地域性多元文化本質的探究，其共同點都是人與自然、歷史、土地的關係。而此刻也正閱讀著本書的你，其實不也是每分每秒都作為都市的創作者嗎？

這裡，正是隨時開放的西村田野學校，不論年紀多大或者來自何方，希望你也能聽見這些豐富圖文所蘊含的聲聲呼喚，開始你的行動吧！

中文版序

一九九七年二月，我的著作《故鄉魅力俱樂部（町並みまちづくり物語）》在日本付梓。同年十一月此書在台灣得以翻譯出版，也是我個人著作中第一本海外翻譯的作品。還記得當初中文版發行時，我的內心其實十分忐忑不安。擔心「社區營造（まちづくり）」這個在日本文化背景下誕生的社會運動，究竟能否得到台灣讀者的共鳴。於今回想彷若昨日，一轉眼就過了二十年以上的歲月。

慶幸的是《故鄉魅力俱樂部》在台灣得到諸多好評，甚至有幸能夠再版。最初透過丘如華老師的引介，讓遠流出版公司王榮文先生決意出版此書，也有幸邀請到夏鑄九老師、丘如華老師替拙作撰寫推薦序，更因此結識了許多台灣的朋友。很高興看到「社區營造」一詞逐漸在台灣普及，並且根植在台灣的社區工作者心中。甚至更勝日本，我在台灣各地一次次地被諸位對於社區的熱力所深受感動。

在前著《故鄉魅力俱樂部》中介紹的十七個聚落，我和它們大多數仍保持著聯繫。在這期間，聚落一一成熟茁壯，我也增長了不少年歲。在二〇一八年，也從任職超過三十年的東京大學卸下教職。藉著屆齡退休的機會，彙整出我從各個都市身上收穫的十個心法。最終誕生的，就是各位手上的這本書。

書的內容主要奠基於二〇一八年三月在東大舉行的退休講座。但在書中，將我個人的人生故事稍稍壓縮，而把重點放在從都市身上得到的教誨。

此外，在本書中也放上和文字相同份量的照片。這些照片都是由我親自拍攝，裡頭的主角則是日本各地帶給我啓蒙的聚落與街區。我想比起言語，任由街區空間以它們最原始的模樣來說故事，才最具有說服力。希望透過這些照片，也能將這些街區的魅力傳達到讀者心中。有句諺語說「眼睛是靈魂之窗」。雖然意思有些出入，但我想表達的是，有時空間所能傳達的訊息絲毫不遜色於語言。所以我們才必須好好重視都市和社區。

每個都市身處的狀況各有不一，但從每一個人眞誠面對都市的姿態，卻能找出共通性。我相信這是跨越國境的普世眞理。雖然我們不能選擇自己出生的地方，但我們能夠選擇以什麼樣態度與都市共處。並且在過程中，必然能夠從都市身上得到收穫，這也是共通的眞理。

很榮幸能透過遠流出版公司，讓我的新書以中文版的姿態再次呈現在各位眼前。很期待有一天能帶著這本書，與台灣的朋友們再次相聚，共同討論社區營造下一步的可能性。

目次

從圖片看見的都市空間構想力

序

近年，不少年輕朋友開始對社區營造（まちづくり）[1]或空間改造產生興趣。之所以會產生這樣的變化，反映了在低度成長時代，人們的價值觀逐漸由一味地汰舊換新（Flow）轉而重視歷史價值的積累（Stock）。這種變化，或許是文化轉型過程的徵兆之一。也可能是因爲，人們越來越重視藉由社會貢獻來達成自我實現。又或者，說不定只是對年輕人而言，沾有歷史塵土的才越有吸引力、越能從中找到趣味。

但事實上社區工作彷彿霧裡看花，鮮少有實際的成就感。比如說像製造業，不論軟硬體，都是在生產一個實體商品。或是像志工工作，當腦海中能越清楚浮現服務對象的模樣，也就越有動力參加。

然而社區工作則不同，沒有一個固定的形體對象。必須隨時應對各種突發狀況，也很難進行預先準備。加上都市分秒

1 譯注

日語的「まちづくり」，目前在台灣的譯本中多半對應「社區營造」一詞。特別需要注意的是，日語的「まち」並不限定於中文的「社區」，尤其以平假名表記時，是從更寬廣的概念說明「生活場域」之意。此外，日語中的「～つくり」一詞，並不單指「製造」某樣「東西」，也包含了經過漫長時間孕育、培養的意思。如「人才培育」一詞，在日語中同樣使用了「人づくり」來表現。因此「まちづくり」一詞不僅指製造硬體上、物質上的環境，也包含了愛鄉之心、社區共識與在地文化的培育。在本書中，將依語境的不同，分別譯爲「社區營造」、「社區參與」或「社區行動」等字詞。

變遷，往往讓人摸不清，究竟該做到什麼地步才稱得上有所成果。如果不是只做志工，想以社區工作維生，也沒有人能馬上指示一盞明燈。網路科技日益發達，但像上述的疑問，不論輸入什麼關鍵字都找不到解答。

也因此，爲了獲得社區工作的參與感，許多人會從整修、改善生活周遭範圍的都市空間著手。但相較於從都市的角度，這是從地區或小規模空間的角度思考社區營造。我自己也有過類似經歷，因此很能夠體會從空間改造開始著手的心情。

但就我個人長年與地方和在地社群的相處經驗，我的觀察是：所有小規模的行動，其實都被含括在更廣域的都市動態之中。每個都市的歷史脈絡、地形與氣候不同，會培養出不一樣的都市性格。這樣的個性，再結合都市內部更小範圍的地方風土或社區特色，將形成一種引導都市前進的「構想力」。這份構想力會回頭帶給都市更多樣的變化，並轉化爲一股推力，驅動置身其中的我們。

——這是我所謂「從都市的角度來思考社區營造」之意。

或許是出於社區營造沒有單一「正確解答」之故，長年以來與都市為伍，我不曾見過所謂的「公式」或「指南書」。但在人們投身於社區工作的姿態上，我卻看到了許多共通之處。

根據我長年的工作經驗，彙整出了本書中從都市收穫的十個心法。藉著回首過往，才發現這彷彿是一本我和都市一路相伴至今的期中報告書。最大的書寫動力，便是希望能成為社區營造夥伴們的參考。

這不是一本教科書。更絕非所謂的回憶錄。只是希望透過我求教於都市至今的經驗，提供讀者一個範例，來說明該如何從都市的角度來思考社區營造。讓大家未來在從事都市、社區工作時能有一個參考方向。社區營造中，很常會提到所謂「模範」或「成功案例」。但討論都市問題時，一方面得取決於都市當下的狀況，一方面也受觀察者置身的立場影響，我不敢保證我的經驗能夠百分之百適用在各位身上。

但正如前述，投身於社區營造的姿態上，理應具有某種超脫時間、空間的共通性。從這個角度來看，或許書中這些案例能爲各位帶來多少的幫助。

此外，我在書中主要使用了「都市」一詞，而非「社區」或「在地」。是因爲本書主要討論的是空間，顧及到「社區」「在地」等辭彙往往也指涉社群中的人，所以儘可能地用「都市」加以區別。也因此，書中提到的「都市」，在某些狀況下也包含了小聚落或都市中的部分地區。

除了投身社區營造的態度，書中另一個部分則是在討論我從都市身上的所學。某個街角、廣場、坡道空間、水岸風光，甚或是人群聚集之處，都市空間的設計藏有許多巧思，只要用心觀察，永遠都會有新的發現。而這一個個發現，會成爲愛鄉之心的種子，假以時日故鄉風景面臨消失危機的時候，或是對自己的故鄉有新的期待的時候，種子將會萌芽，茁壯成日後投身社區營造的明確目標。

上述所言，單靠文字確實難以不大容易想像。所以在接下來的內文中，我將穿插照片同時進行說明。在思考如何解讀都市脈絡、如何將都市性格與魅力傳承給下一代時，透過相機捕捉的這些景緻，一路以來帶給我許多提示。也就是說照相這件事，正是在蒐集都市空間所留下的線索。而在本書的照片中，將都市空間依三叉路、水景等數個特徵分別進行介紹。

在正文中也會提及，我希望透過照片向各位說明，不只日本，在世界各國的街區中，能打動人心的風景，大多同時具備了「多樣」與「和諧」這兩者看似衝突的特質。

這些照片都是由我親自拍攝，當中包含了部分的舊照片，甚至有些可能已經與現況產生差異。但之所以特地放上舊照，是爲了說明多樣的空間所產生的豐富性，就算與現狀有所出入，也毫不減損照片的價值。

每一張照片都附有拍攝的城市、地區、路名與拍攝年份。此外，在街道的部分，爲了能完整傳達街廓空間的全貌，我盡量挑選了從馬路中央拍攝的相片。每一個章節與照片的主題或有些微關聯，但並不一定有對應關係。

那麼，接下來想邀請你和我共度一段悠遊都市的旅程。在這趟旅程中，你可以窺看我在各個都市、社區營造的現場獲得了怎麼樣的啓發。但想先和各位說明，出於每個人的經歷不一，就算是再具體的案例，你我也不一定會有完全相同的解讀。有關這點，還請多多包涵。

也期望能夠透過交互比對照片，讓各位感受到都市所飽含的豐沛想像力，以及充滿魅力的都市多半共通的，在街道、建築與土地空間中所孕育而生的多樣盎然生機。我將由衷地期待，與各位一同展開這趟社區營造的旅程。

前言

我與都市共學的這一路上

主要道路的街道風景

1 仙台市定禪寺通（2015.04）

2 山形市七日町通（2015.07）

3 長野市大門町（2012.04）

接下來的篇幅，想向未來有志投入社區營造的各位，介紹我從都市收穫的十個心法。這十個心法，是我個人經驗中可以斷言、也有實際體悟的感想。但在進入正式篇章前，爲了讓年輕讀者更容易理解書中的內容，我想先說明我是如何開始求教於都市，以及這一路的歷程。在前言中，我將簡單地回顧年輕時的經歷，以及這些經歷和這十個「教誨」的密切關係。

在這一篇稍長的前言中，將娓娓道來我與都市共學這一路上的始末。若是比較好奇十個心法具體內容的人，可以跳過此一部分無妨。

在東京大學都市工學科的時光

二〇一八年三月屆齡退休，我任職於東京大學都市工學科近三十年的日子劃下了句點。同年四月，轉至神戶藝術工科大學任教，雖然還稱不上完全離開教壇，但在這個時間點上，很適合回顧我與都市爲伍至今的種種。

街道風景

街道一詞對應了英文單字「street」。鋪裝道路加上兩旁的建築群，形成了街區中的道路空間。沿路林立的建築也是街道的一部分。地形、道路形狀、兩側建築的外型與密度、各個建築的巧思，塑造了形形色色不同的都市。這些差異正是都市的個性，也帶給都市截然不同的樣貌。從大街、主要道路、巷弄到橫丁，街道有百般面貌，而當中堆疊了各種社區營造的故事。

主要道路的街道風景

首先帶大家看各個縣政府所在地代表性的街景。每一個案例都是形塑都市門面的重要街道空間。細看可以發現，各個街道空間都蘊藏了獨一無二的都市性格。

1 **仙台市定禪寺通**（15．04）
森林之都仙台的主要道路。在戰後復興土地區劃整理過程中，作為東西軸主要幹線整備而成，路寬四十六公尺。道路中間有十公尺寬的林蔭道。與南北軸的東二番丁通交會，構成一個橫切仙台市區的十字。

2 **山形市七日町通**（15．07）
七日町通是過去羽州街道上的南北向道路，面北。盡頭看到的是舊廳舍的

從小總覺得自己大概會成爲一個理科人。但在一九六九年高中一年級的冬天，發生了日後所稱的東大紛爭事件。東京大學學生集體佔領安田講堂，當年度的東大入學考試也因此停辦。而彼時不遜於醫學系，工學系都市工學科同樣挑起極爲激烈的「鬥爭」。也因爲這件事，讓我注意到這個學科的存在。

升上高中後我開始關注起社會議題，不只理科，也對介於文理之間的學門漸漸產生興趣。那時回想起東大紛爭事件，忍不住想：「或許正因爲都市工學的核心就是都市問題，才促成了學生們對社會現狀的強烈反動吧。」也因此，更加深了我對都市工學的好奇。

之後考上東大理科一類，也順利進入第一志願的都市工學科都市計畫組。但當實際踏進教室、開始上課後，反而覺得課堂的內容和我的想像有些出入。

我在一九七三年進入都市工學科就讀，理所當然地，當時的師資多半是在戰後復興期接受教育、於高度成長期活躍於

文翔館。這幅景緻如實地描繪了由山形縣第一任縣令三島通庸所構想的近代都市治理藍圖。

3 **長野市大門町**（12．04）
沿著善光寺的參道一路北上，經過數個陡坡後，終於來到仁王門前的大門町。這一帶留下了過往門前町＊的風情。也是北國街道的一部分。（編按，＊門前町：寺院神社等宗教設施周邊形成的聚落。）

4 奈良市登大路（2015.03）

5 鳥取市若櫻街道（2014.02）

6 徳島市新町橋通（2015.03）

7 福岡市明治通（2013.03）

教壇，並且在人品道德上相當值得信賴的知名教授們。只是，當時的都市工學科著重於如何有效率地解決都市問題，這樣的學術風氣卻一直讓我不太適應。

當時提到都市計畫，多半聚焦於都市開發所伴隨而生的種種問題。比如說道路與下水道等硬體設施的整備、如何舒緩通勤交通流量、改善過度密集的木造住宅環境，或是解決大氣汙染或水質污濁等問題。確實上述問題各有其嚴重性，但除此之外，其他看似不那麼急迫的問題如：住宅區或商店街的社區議題，儘管不至於被完全無視，但也近乎到了乏人問津的地步。還有，像城跡與寺院等地方上的歷史性據點，因爲隸屬於文化財的保存範疇，長久以來被排除於都市計畫討論的對象之外。

當然也不乏一些新的都市空間提案。但當時能引起眾人注目的，普遍都是全新打造而成的都市空間設計。都市的生活形態或歷史或許過於稀鬆平常，很少有受到討論的機會。

舉例來說，過去在建設城下町時，行政區劃會從城山開始

4 **奈良市登大路**（15・03）
登大路是橫切奈良的東西向幹道，面西。銜接大宮通往西延伸，因為拓寬緣故使得道路呈現些許蜿蜒，加上進入舊興福寺境內後地勢升高，成為上坡一路向西延伸。

5 **鳥取市若櫻街道**（14・02）
昭和時期至今的街道景觀。作為都市軸線，若櫻街道兩側連結鳥取車站與久松山麓的鳥取縣政府。面北東。1952年鳥取大火制定了耐火建築促進法，這條街道也是第一號的防火道。沿路上可見裝飾風藝術（Art Deco）。

6 **德島市新町橋通**（15・03）
德島車站前，向西南延伸的站前大道。面西南。照片右手邊的是眉山。二次世界大戰時為防止空襲火勢延燒，將建築拆除後形成的防火道。戰後轉型為主要道路的典型案例。

7 **福岡市明治通**（13・03）
明治通的兩側，分別連結了港灣博多以及近世城下町福岡。明治末年建設而成的東西向道路。舊縣政府（現ACROS福岡）所在地原先是三叉路口盡頭，是個從零闢建主要道路的罕見案例。

出發。城山擔負了從前都市規劃的要角，但在現代的都市計畫中，卻多半被劃爲國有未登記土地或市街化調整地區[1]，好一點的頂多設置爲公園。由此可見，現代在土地規劃上，十分欠缺對都市既有構造的考量以及歷史記憶的敬意。

另一方面，犧牲在地社區的現象愈發嚴重。市中心一頭熱地執行再開發計畫，而爲了解決市區人口飽和問題，當時將興建郊區新市鎮視爲有效的解決辦法。於是，只能眼睜睜地看著歷史悠久的傳統社區，在都市裡面臨可謂「蹂躪」般的殘忍對待。爲了解決市中心過度建設的問題，彼時所謂的地區開發，多半將都市的脈絡棄之不理。

當時翻開報章雜誌，每天都可以看到都市問題登上新聞版面。這些問題固然有其急迫性，但身爲學生的我十分憂心，如果每一個人都埋首於相同的事情，都市記憶的傳承該如何是好。

再進一步，爲了解決這些都市問題而採取的對策，會不會成爲未來的隱憂呢？可惜的是，當時活躍於第一線的專家學

1 注釋

市街化調整地區

在日本的都市計畫法中，定義爲「應限制開發的地區」，原則上不進行開發行爲，也不進行都市設施的整備，並且盡量避免建築物的新設與增設的地區。

10 宇都宮大通（2009.12）

8 前橋市本町通（2016.04）

11 那霸市國際通（2015.08）

9 靜岡市吳服町通（2011.11）

12 札幌市札幌驛前通（2015.04）

13 名古屋市櫻通（2017.11）

14 高知市追手筋（2012.11）

15 宮崎市縣廳楠並木通（2018.09）

者，似乎不太意識到事態的嚴重性，也多少可以感受到專家們的「矜持」。當然他們有解決難題的使命感，但也可能正因如此，面對像我這樣默默無名的學生，他們雖然不至於態度高傲，卻也確實鮮少傾聽弱者的聲音。

因爲我的性格向來常與時勢背道而馳，所以越是被視爲小眾，我也就越擔心都市的記憶將就此消失。

想當然區區一個大學生就算再怎麼心急，也不可能撼動社會風向。但因爲實在無法在課堂上得到共鳴，我漸漸地開始缺席，把目光放到校園之外，也被系上視爲不合群的一份子。

與歷史街區的相遇

「都市計畫難道只是爲了解決都市問題而存在的嗎？」我抱著這個大哉問，日復一日度過苦悶的日子。一九七七年四月，比應屆的同學晚了兩年，我終於考進碩士班，加入了大谷幸夫教授的都市設計研究室[2]（當時稱爲大谷研究室）。

爲什麼選擇大谷研究室？原因非常簡單。因爲我一廂情願

8 **前橋市本町通**（16．04）
本町通是沿著利根川河階邊緣所形成的道路。既是歷史街道，也是城下町時期的主要幹道。現在作為國道50號線的一部分，與外縣市連接。面西。

9 **靜岡市吳服町通**（11．11）
靜岡的吳服町通就是江戶時代至今的東海道，道路幅寬也沒有太大改變。戰後整備為防火道，道路兩側矗立了三層樓高的耐火建築物。

10 **宇都宮大通**（09．12）
大通從宇都宮站前廣場往西延伸。三島通庸縣令將縣政府從 木移到宇都宮，並大膽地拓寬過去的奧洲街道，使大通變成近代東西向的軸線。

11 **那霸市國際通**（15．08）
國際通不只代表那霸，更是代表了沖繩的主要道路。照片中是國際通的起點，站在西側的縣府大樓前，面東。和現在相比，一九三四年建設當時，不過是一條連結縣政府與首里的普通道路。

12 **札幌市札幌驛前通**（15．04）
站在札幌車站前，面南。位於西四丁目的札幌驛前通，過去也曾被稱作小樽通，自從札幌車站在道路北側完工

地認爲，如果是大谷幸夫老師的話，想必能夠理解我那種與主流格格不入的心情吧。

大谷老師在五十多歲時完成《空地的思想》（北斗出版，一九七九年）一書，是其生涯代表作之一。這裡的「空地」指的是留白的意思。身爲建築師，不應貪婪地承攬所有空間的設計規劃，必須心懷謙卑地替後進留下些許的「空白」才行。傳承給後世的留白，正是大谷老師一直以來提倡的理念。正因大谷老師用如此寬容且謙虛的態度看待自身建築師的角色，我才能義無反顧地選擇大谷研究室。

而我也很快地知道，這是個再正確不過的決定。

首先，大谷老師一次也不曾指示我或其他學生說：去做這個、快交給我這個。說得不好聽是不關心學生，但我認爲這是「寬容的放任主義」而一直深懷感謝。因爲大谷老師所採行的放任主義背後，其實承擔了更深的責任。

日後我從事教職、實際開始指導學生後才發現，採行放任主義不是件容易的事。好幾次出於好意，或是出於教師的立

後變成主要道路。與東西向的大通公園垂直交錯。

13 **名古屋市櫻通**（17・11）
名古屋車站遷移（一九三七年）後劃設而成的站前道路。東西向的幹道。戰後拓寬為50公尺幅寬。

14 **高知市追手筋**（12・11）
戰災復興計畫後整備而成的街道。這條面向高知城由東向西延伸的道路，從江戶時期就是主要幹道，也在日後成為近代高知的都市軸線。與帶屋町的拱廊商店街平行。

15 **宮崎市縣廳楠並木通**（18・09）
縣政府前的楠並木通，夾道兩側的是樟樹。雖然被樹木遮住了，左手邊後方是縣府大樓的所在。一八七〇年，街道和縣府大樓同一時期建造而成，是宮崎最早的近代化道路。

2 注釋
舊名爲漢字表記的「都市設計研究室」，日後爲了跳脱硬體的營造，從更廣域的角度看待「設計（デザイン，design）」，於一九九七年改爲以外來語片假名表記的「都市デザイン研究室」。反映出研究室在研究調查與實踐方向上的改變。

店家所形成的街道風景

16 山形市七日町一番街（2015.07）

17 川越市 Crea Mall（2017.04）

18 大阪市法善寺橫町（2011.01）

19 長崎市新地中華街（2010.06）

場出面，卻因爲過度介入其中，反而剝奪了學生獨立思考與親身解決問題的機會。

另一方面，我也承認因爲自己的公務繁忙，所謂的放任主義有時候會變成單純的置之不理。這是放棄了老師之於學生的責任，不能說是「寬容」。

此外，採行「寬容的放任主義」的條件之一是，當學生發生狀況時，身爲指導者的教師必須採取及時的應對，並爲自己的思慮不周負起全責。要做到這樣，老師必須要有相當程度的覺悟與決心才行。

身爲教育者的責任，比如說：不應該誘導學生加入自己的研究方向，不可以貪圖功利而介入研究單位運作，這些自然不必多言。但鮮爲人知的是，即使再怎麼爲學生著想，也必須先退一步從旁默默守候的難處。學生時代因爲忙於課業，沒能了解大谷老師的用心良苦，自己當上老師後才終於體悟到這個道理。

進入大谷研究室後不久，日本建設省成立了組織，討論都

店家所形成的街道風景

兩側的店面和熱鬧的氛圍，共同譜寫出商圈風景。照片如實地展現了各個店家如何與街區相互呼應的模樣。可以從中感受到都市空間與商家活力的緊密關係。

16 **山形市七日町一番街**（15．07）

一番街是　谷街道從山形出發的起點，從七日町出發，一路通往仙台。面東。歷史街道轉型為現代商圈的成功案例。

17 **川越市** Crea Mall（17．04）

連接川越車站與一番街，長達一公里的超長道路。來客絡繹不絕。照片中街道的盡頭就是一番街的藏造歷史街區。商店街的熱鬧，得歸功於再生後的藏造歷史街區。

18 **大阪市法善寺橫町**（11．01）

在2002年、2003年連續遭遇祝融後整備而成防火巷。重建後仍保持2.7公尺幅寬。站在西側入口處，面東。

市計畫範疇內該如何擬定歷史環境保全的對策。我們研究室爲了這個計畫成立小組，我也加入其中，前往奈良縣橿原市今井町進行個案研究。

這個計畫被稱作歷史環境保存市街地整備計畫策定調查，以一九七七年建設省國土綜合開發計畫經費爲基礎，召集了日本關東和關西數個大學共同加入。當時我們研究室的大谷教授和渡邊定夫副教授都參與其中。

作爲碩士班學生、研究室小組的一員，在參加這個調查過程中，我發現大學時期一直擺脫不了的格格不入感倏地一掃而空。

接受時任大阪市立大學工學系副教授的福田晴虔老師的指導，我們小組來到了今井町。主要針對町家建築的空間結構，以及町家和寺內町街區構造間的關係，反覆前往現場踏查。當時大谷研內的組長福川裕一先生（當時主修都市工學的博士生，現千葉大學名譽教授）在數年前便以奈良町的三新屋町內爲研究對象，整理複數町家所形成的連續性空間系統（豐

19 **長崎市新地中華街**（10．06）
十八世紀後期填海造陸的新地土藏地區，幕府末期開港後發展成中華街。中華街內十字幹道四方的入口處設有牌樓，與周圍後期的造陸地區形成區隔。站在南北向街道的北側，面南。

繁華地區的街道風景

20 東京都新宿區歌舞伎町（2016.04）

21 大阪市中央區道頓崛（2018.04）

22 東京都中央區銀座（2008.03）

23 東京都新宿區神樂坂（2013.02）

24 東京都澀谷區原宿（2015.04）

25 京都市東山區松原通（2018.06）

田財團報告書）。因此，今井町的調查有一部分也是以他的研究爲基礎加以發展。

在這個過程中，於我自身有兩個收穫。首先，實際調查「町家」這種日本典型的都市型住宅後，才深刻體悟到都市形態與住宅樣式間的緊密關係。

町家設有中庭，透過這個聯外空間使得建築能不受方位限制，保持室內一定程度的日照、採光與通風需求。也因爲有這個對外開口，讓町家能夠對腹地外部或面向道路保持封閉性。

因爲町家的封閉性質，所以它不用設置圍欄，建築壁面就能直接與街道比鄰。這也是町家能成爲都市型住宅的主要理由之一。

於是，町家作爲日本都市型住宅的一種基本單位，複數並排後便形成我們所稱的「町並」[3]。一棟棟的町家立面開口窄小，但往內部延伸，成爲狹長狀的建築。特別的是，每一戶人家的門面寬度不一，在一定的範圍中呈現些微差異。而雖

繁華地區的街道風景

穿梭在大都市的繁華街道時，常會有種要被人潮吞沒的錯覺。這些繁華地區就像是一只容器，包容各式各樣的人們駐足、往來。

20 **東京都新宿區歌舞伎町**（16．04）高密度的繁華地區。這條路也被稱作哥吉拉大道，照片中可以看到哥吉拉在盡頭建築的屋頂探頭而出。戰災復興的土地規劃整理後，街區中開始出現三叉路的配置。照片中即是一例。

21 **大阪市中央區道頓崛**（18．04）代表大阪南街的繁華地區。從道頓崛川的戎橋南側稍稍往東步行處，面西。街上的商家幾乎都是餐廳、小吃店，營造出不同於他處的獨特氛圍。

22 **東京都中央區銀座**（08．03）週日實施徒步區的銀座。一八七二年的大火後一度全面改建為磚瓦街，但在關東大地震災後復興的土地區劃整理中，改變為我們現在所見的現代都市的主要幹道。包含建築物狹窄的腹地開口、緊密排列的壁面等，仔細觀察可以找到許多銀座街道景觀的個性。

然所有町家都有屋頂、屋簷、拉門、窗戶、壁面或格子窗等共通要素，但細看會發現，每個立面都各有巧思。

雖然在細節上有所異同，但放眼而去整體卻形成一種協調感。也是在此時，我才領悟了都市型住宅的精髓——「多樣性與協調性並存體現」的道理，這也是我與歷史街區首次邂逅的瞬間。

從某個角度來說，「町並」這個日語獨有的詞彙，非常簡潔易懂地傳達了都市設計的本質：複數的建築連續並排，進而形成的街廓空間。也就是說，日本人天生就具有對空間的敏銳度，能夠擷取片段的街廓空間，並用一個單詞將其完整詮釋。

只是，在另一方面也不禁反省，回顧近代日本，好像沒有其他能與町家相提並論的都市型住宅。

細數近代日本發展出的各種住宅建築，有起源於武家住宅、附有庭院的獨棟透天，以及被視爲集合住宅原型的公營住宅及公寓大廈。但這些住宅樣式是否能稱之爲「町並」、是否

23 **東京都新宿區神樂坂**（13．02）
過往是武士住宅區的武家地。因為明治時期的土地細分化，誕生了許多小巷弄。這不僅形成了神樂坂的獨特魅力，神樂坂街區的個性也因此定型。

24 **東京都澀谷區原宿**（15．04）
站在JR原宿車站前的竹下通入口，面東。遠眺竹下通坡道的絕佳拍照景點。這裡以前是住宅區，漫步其中可以感受到建築比鄰並排的密集感。

25 **京都市東山區松原通**（18．06）
松原通是通往清水寺的參道。面東。鄰近產寧坂。經過二年坂往圓山公園的路上，觀光客川流不息。

3 注釋
即「街區」之意。爲了呼應原文「町家並排」之意，此處以日文漢字「町並」表記。

商業辦公地區的街道風景

26 東京都千代田丸之內（2014.09）

29 岡山市役所筋（2013.09）

27 大阪市御堂筋（2012.05）

30 大分市中央通（2011.10）

28 大津市縣廳前十字路口（2016.03）

有因爲複數並排，而形成了多樣性與協調性並存的街道景觀，我想有些牽強。就算可能稱得上是郊外型，但很難把它們歸類爲都市型的住宅。

相較之下，町家雖然樓層不高，但完整體現了高密度的特質。同時，每一棟建築作爲街廓空間的一員，共同維繫了空間的整體性。

以町家建築爲主的街區，確實有防災安全的疑慮，結構上也不符合汽車代步的現代社會。所以我們小組當時的問題意識之一，就是試著創造一種樓層數低、密度極高的住宅，保持多樣性與協調性之餘，同時又能夠解決上述町家無法處理的問題。

而於我個人，另外一個收穫則是團隊合作的重要性。我發現借助眾人之力，能夠超越個人的知識和能力範圍所及，也就是一加一大於二的道理。也因爲有夥伴同在，就不必獨自背負那些對當代都市計畫的疑慮。歸功於當時的夥伴與經驗，日後的我也越來越重視團隊合作的重要性。

商業辦公地區的街道風景
商業辦公地區並不罕見，也不是日本獨有的街景。但每一個商辦地區各自獨特之處，在建築的外型與密度、道路寬度、街道形態上形成差異。

26 **東京都千代田丸之內**（14・09）
站在仲通的北側，面南。由三菱集團所建設，在一八八九年的市區改正設計案中構思而成的道路。一九五九年土地整合後拓寬為現在的路寬，一九九〇年代後期的整備中，加入了寬廣的人行道，商辦大樓的低樓層也開始有商場進駐。

27 **大阪市御堂筋**（12・05）
站在高麗橋通附近，面南。在一九一九年大阪市區改正設計中，御堂筋是面狀整備裡最核心的一條道路。於一九二七年建設完成，路寬四十三・六公尺。道路下方有日本最早的市營地下鐵，也進行了電線地下化。御堂筋體現了現代都市之美，即便在現今仍舊能感受其凜然的姿態。

28 **大津市縣廳前十字路口**（16・03）
從滋賀縣政府前的十字路口向東望。自從一八八八年縣政府在東海道南側斜坡上的農地完工後，建築巍然矗立至今。縣政府大樓前的東西向道路上行政機關林立，形成一條富有莊嚴感

有了這兩個收穫，我對當時都市計畫或都市計畫教育的疑問頓時煙消雲散。下一步得開始思考如何確立我們這個時代的都市住宅形態才行。而重要關鍵想必潛藏於歷史街區之中。

從歷史街區到聚落保存運動

在那之後，我和研究室的同學們發起了名爲「町並研究會」的組織，展開日本全國的歷史街區行腳之旅。但不久後就發現，這樣的旅行不知不覺中流於單純的調查，無助於推敲出現代都市住宅形態的意義。

這是因爲我們發現到，比起創造新的住宅形態，歷史街區的空間構成本身或許已經具有高度的價值。而這個價值，指的就是透過町家的複數排列，所演繹而成的和諧都市環境。

此外，我們的旅行始於一九七〇年代，正值日本各地歷史街區面臨毀壞危機之時。在此之前，鎌倉、京都與奈良等地頻繁地發生開發與保存的對立，也才促成日本政府在一九六六年制定了與古都歷史風土保存相關的古都保存法。

的官衙街。

29 **岡山市役所筋**（13．09）
從岡山車站向南延伸的主要幹道之一。站在 AEON 購物中心前，面南。市公所大樓位在道路盡頭。過去是岡山城下町的邊緣地帶，現在則轉型為商辦地區。在戰災復興土地區劃整理計畫中建造而成。

30 **大分市中央通**（11．10）
中央通是戰災復興土地區劃整理計畫中形成的南北向道路，位於大分市中心。站在十字路口處，面北。護城河填埋後，拓寬為現今的道路。和東西向的昭和通呈十字狀橫切都市中心。

路面電車行駛的街道風景

31 廣島市鯉城通（2013.08）

34 熊本市通町筋（2013.12）

32 富山市大手 Mall（2015.09）

35 鹿兒島 Izuro 通（2012.10）

33 松山市南堀端通（2010.09）

但是這只針對「古都」，換言之，在當時只有這些「特例」才能獲得國家力量的保護。直到一九七〇年代保存意識普及，才進而延伸出日本各地的聚落保存運動風潮。

金澤、高山、倉敷與妻籠宿等地，也是在這個時期開始受到注目。一九七四年，在各地的聚落保存運動串連之下，全國性的「町並保存聯盟」（日後的全國町並保存聯盟）誕生。長年的運動奔走下，一九七五年文化財保護法修訂，跳脫單點，面狀的「傳統建造物群保存地區」也被納入文化財範疇之中。

一九七八年，町並保存聯盟所主辦的全國町並大會首次舉行，正巧是我進入東大都市工學科研究所後不久的事。此後，我幾乎年年都會出席全國町並大會。

每逢一年一度的全國町並大會，主辦的歷史街區彷彿化身「青空教室」[4]，出席大會的每一位保存運動工作者的故事，正是活生生的教材。保存運動的領袖形形色色，從豪爽直率到穩重斯文，各種性格都有。共通的是，他們每一位都充滿

路面電車行駛的街道風景

現在在全日本看得到路面電車行駛的共有二十市一町。從北到南，札幌、函館市、東京都部分區、富山市、高岡市・射水市、福井市、豐橋市、大津市、京都市、大阪市、堺市、岡山市、廣島市、松山市、高知市・南國市・伊野町、長崎市、熊本市及鹿兒島市。

路面電車配合著都市構造而生，不只是解讀都市紋理的重要線索，也是緊密都市概念（Compact City）中重視公共交通工具的表徵之一。

31 **廣島市鯉城通**（13．08）
由廣島地鐵經營，沿著鯉城通運行的路面電車。面北。鯉城通是廣島南北向的主要幹道，同樣是在戰後的都市計畫中建設而成。街道盡頭看到的是廣島城內的綠樹。

32 **富山市大手** Mall（15．09）
由富山地方鐵道公司經營的市內電車。照片中是大手 Mall 這條路所在的環狀線，又被暱稱為 CENTRAM。環狀線道路盡頭可以看到富山城櫓。環狀線於二〇〇九年啟用，為視為市中心再生的象徵。

十足人情味，待人眞誠且充滿魅力。推行運動的過程難免會將地方的意見一分爲二，作爲先鋒，必須以誠懇的態度提出有說服力的論點，才能獲得其他居民們的信賴。

其中，小樽運河的保存運動，對當時還是學生的我來說，留下了非常深刻的印象。小樽運河的保存運動歷史悠久，沒辦法在此詳述。關鍵在一九七八年峯山富美女士上任守護小樽運河之會會長之時，以一介家庭主婦之姿，扭轉了保存運動的劣勢。

峯山女士自始自終都以眞摯而冷靜的口吻，闡述小樽人與小樽運河共生共存的重要性。之於峯山女士，在地生活與運河存續，兩者如命運共同體般息息相關。正如她一九九五年所出版的回憶錄《生活在這裡——與小樽運河在一起》（北海道新聞社出版局）書名所示，不是爲了「守護」小樽運河，也不是爲了保存而「戰鬥」，所有行動都是出於與小樽運河「共存」的懇切心願。想必正是因爲她從市民的立場出發，才獲得了許多人的共鳴。

33 **松山市南堀端通**（10・09）照片中是沿著城山公園南側行駛的市內電車，由伊予鐵道營運。右手邊路樹的後方是護城河。面西。路面電車的路線正好圍繞著城山運行。

34 **熊本市通町筋**（13・12）沿著通町筋行駛的市內電車，由熊本市交通局營運。面東。西側有熊本城矗立。下通、上通兩個大型商店街街道分別位於道路南北兩側，正如其地名所示，通町筋處在都市的正中心處。

35 **鹿兒島 Izuro 通**（12・10）沿著 Izuro 通行駛的市內電車，由鹿兒島市交通局經營。面西。二〇〇六年開始鐵道沿線綠化，成為我們今日所見長達九公里的綠色地毯。Izuro 指的是石燈籠之意。

4 注釋

戶外授課之意。特別指第二次世界大戰後，校舍遭受美軍空襲而燒毀的學校，戰後復興期在戶外進行授課的情景。

町家創造出的街道風景

36 京都府舞鶴市西舞鶴吉原（2005.09）

37 富山縣高岡市吉久（2015.11）

38 福井縣小濱市三丁町（2008.03）

39 愛知縣犬山市本町通（2017.11）

40 大分縣日田市豆田町（2009.04）

我也是深受感動的一份子。在我一九九七年出版的著作《故鄉魅力俱樂部》中，寫到我在峯山女士身上得到的啓發。「在落居之地圓滿地生活，渡過一生——這是身爲一個人所面臨的人生課題，社區營造運動正是其中的一部分表徵。」

這份心情直至此刻也不曾改變。

確實，有形的、實體的街區空間保存不可或缺，也可以是推行運動的導火線。但歷史街區凝聚了當地居民的所思所想，所以不能止步於形體，形體的保存也不會是運動的終極目標。透過峯山女士的行動，這個道理深深烙印在我的腦海之中。這也成爲我日後從事社區營造的信條。

在那之後也持續前往各個聚落，推動活化歷史的社區營造。但學術調查或是提供建言時，變成從理解在地居民的生活開始出發，並且盡可能不受限地想像每個街區的未來樣貌。

前往調查時，因爲我和研究室的成員們沒有實際居住其中，不時會收到如「明明就沒有住在那裡，要怎麼理解在地生活？」等疑問，甚至也曾被批評：「口口聲聲說很重要，那

町家創造出的街道風景
町家是歷史街道中最常見的一種建築類型。開口狹窄，內部腹地深長，建築壁面直接與面向道路比鄰。町家構造促成道路與建築群共構，形成了獨特的街道空間。町家也是典型的都市型住宅。町家的立面由相同的要素構成，但在細節處卻又各有逸趣，完整實踐了多樣與和諧並存的聚落景觀。

36 **京都府舞鶴市西舞鶴吉原**（05・09）
十八世紀前半遭逢大火後移地再造的漁業聚落。街區由許多狹窄的東西向道路構成，但在有限的腹地中央開闢了一條供船隻停泊的水路。這種超高密度的市街地計畫非常罕見。

37 **富山縣高岡市吉久**（15・11）
十七世紀中旬因加賀藩設置了米倉，吉久便成為米糧輸出的集散地而愈發興盛。米糧透過鄰近的小矢部川以船運向外運送。聚落內有大規模的町家比鄰排列。

38 **福井縣小濱市三丁町**（08・03）
位於小濱城下町西側，由商家和茶屋町所形成的歷史聚落。沿路上會發現許多氧化鐵紅塗料的格子窗，街景十分別緻。二〇〇八年，小濱西組地區被選定為重要傳統建造物群保存地

你來實際住住看啊。沒有生活過就妄下評論，也太不負責任了。」

乍聽之下確實有其道理。但如果不是當地人的話，豈不就永遠沒有參與社區的權利？居民與外來者，豈不永遠沒有敞開心房相互瞭解的機會？

——我並不這麼認爲。

峯山女士的訴求之所以能打動這麼多人，正是因爲她的一字一句確實傳達到不分內外的所有人心中。如果能夠站在在地居民的立場著想，或是與在地居民建立適當的距離感，就算是外來者也有可能理解在地。不分內外，一定能夠心意相通。

也就是說，關鍵在於與都市共存的姿態，或者說是參與社區營造的態度。如果雙方能夠在此產生共識，就能夠相互理解。此後，「求教都市是社區營造的根本」成爲我的行事方針。

區。

39 **愛知縣犬山市本町通**（17・11）
犬山城下町的主要幹道本町通，以及周邊的歷史聚落。面北。道路的盡頭可以看到犬山城的身影。不只犬山城，這幾年造訪歷史聚落一帶的遊客也大幅增加。

40 **大分縣日田市豆田町**（09・04）
位於日田城下町北部，豆田町御幸通的歷史聚落。日田觀光的指標性存在。面北。位於筑後川支流・花月川的南岸。二〇〇四年被選定為重要傳統建造物群保存地區。

從「特別的」街區到「普遍的」都市景觀

武士住宅所形成的街道風景

41 金澤市長町（2005.11）

42 長崎縣島原市下之丁（2009.04）

43 秋田縣仙北市角館町（1990.06）

44 松阪市御城番屋敷（1990.12）

45 高梁市石火矢町（2004．02）

46 長崎縣國見町神代小路（2008.02）

住宅區的街道風景

47 東京都文京區根津（2010.06）

48 東京都台東區谷中（2010.06）

49 加賀市大聖寺（2009.04）

50 長崎縣平戶市生月島館浦（2015.02）

先例，所以很難拿出具體範本，向社區居民們說明我們的調查目的。

高山、倉敷或妻籠宿等觀光名勝，在當時被視爲是活化歷史的成功案例。雖然它們並不是一開始就成爲觀光景點，成功的背後也有許多在地居民的辛勞奔波，只是從外部來看，多數人都抱持著同樣的印象：它們是在導入觀光後才漸漸名聲響亮。當觀光的要素過於強烈時，一般人很難將其聯想爲活化歷史的社造案例。

因爲沒有先例，確實很難說明一般的城鎮該如何關注聚落歷史，並將歷史與聚落自身的特色連結。直到日後熊川宿和飛驒古川逐漸成熟，它們成爲歷史活化案例中強而有力的後盾，帶給我很大的信心。

日夜忙碌奔波下，轉眼來到一九九〇年代後期。泡沫經濟的熱潮開始冷卻，人們重視的價值觀從汰換（Flow）轉向積累（Stock），時代向前邁進了一大步。我們在此之前一直被視爲少數派，直到這個時候，長年以來的理念終於開始受到

住宅區的街道風景

住宅區聚集了各式各樣的人與家庭，這種多樣性也會反映在街道風景上。同樣地，也可以從街道風景之中推敲出居民生活的樣貌。住宅區無疑也是一種充滿個性的街道空間。

47 **東京都文京區根津**（10．06）
不忍通東側的後方側巷。不忍通過去是根津神社的參道，這附近過去聚集了許多小規模的旗本屋敷。

48 **東京都台東區谷中**（10．06）
谷中位於東京國立博物館向西北約八百公尺處。雖然現在是住宅區，但在江戶時期是許多寺院林立、佔地遼闊的寺町。照片中可以看到從近代以來便矗立在三叉路口的雪松。

49 **加賀市大聖寺**（09．04）
大聖寺城下町山下寺院群的街道。一九九〇年經歷了小幅度的拓寬，而形成現今的路寬。慶幸的是拓寬後仍保留了紅瓦屋頂聚落的美麗風情。

50 **長崎縣平戶市生月島館浦**（15．02）
歷史悠久的漁村聚落。在十字路口有座生月新四國靈場參拜所。生月島以潛伏基督徒的聚居處而聞名。

關注。

二〇〇四年，景觀法立法。二〇〇八年，歷史社區營造法誕生。在過往，著實很難想像會將「歷史」「社區營造」等名詞納入法條名稱之中。同年，與國土交通省的政策並行，文化廳也設立組織，啓動名爲歷史文化基本構想的綱要計畫。

多虧時代風向的轉變，我才有機會能夠參與這些制度的設計。在這樣的趨勢下，人們開始從歷史環境活化的角度思考都市問題，我們從一九七〇年代提倡至今的價值觀，終於爲世人所接受及共有。

固然這是好事，但面對這樣的時代變化，反骨的我卻又忍不住想：不能就此滿足於現狀。

愛鄉守護之心，始於那些幸運免於戰爭或火災，得以存留至今的歷史街區或建築。但活化歷史的社區營造，或許得更跳脫這個框架。如果不能在一般的社區落實，不論過了多久，都只會停留在所謂「唯一」或「特例」層次。

——接下來，需要的是更具有普世性的社區營造價值。

歷史街道形成的街道風景

51 長野縣南木曾町妻籠宿（2014.06）

52 福井縣若狹町熊川宿（2014.10）

橫丁形成的街道風景

53 新潟市中央區西堀前通（2016.04）

54 東京都杉並區高圓寺南一丁目（2016.04）

產業形成的街道風景

55 和歌山縣湯淺町湯淺（2008.04）

56 福井縣勝山市旭町一丁目（2009.08）

新地標形成的街道風景

57 東京都墨田區 Tower View 通（2017.12）

視角，或許觀看都市的方式也會隨之改變。都市中有多少居民，就有多少種觀看都市的角度，每個人從都市身上所學必定也迥然不同。當然也有對都市漠不關心、無意有求於都市的人，這也是一種生活的態度，無須置喙。

但可以確信的是，就算地點和時序有所變化，想要認識都市、參與社區營造的動機是相通的。本書提到的十個心法，指的就是與都市共存的態度，或者也可以說是一種心理準備，更可以直接沿用爲參與社區工作時的心態。即使有些人對社區漠不關心，但不分你我，每一個人都在都市所隱含的「教誨」之下度過一生。

在接下來介紹十個心法的篇幅中，每一章節的前半段會說明我是如何觀看都市，以及我從都市身上的收穫，而在＊＊＊符號後，則會解釋這些心法應用在社區營造現場中可能呈現的狀況。或者是也會與各位分享，我未來想要持續深入探討與都市相關之事。

產業形成的街道風景
以產業、物資為中心所形成的街道風景。通常這樣的聚落都頗具規模。產業也是影響地方個性的重要要素之一。

55 **和歌山縣湯淺町湯淺**（08．04）
湯淺至今仍留有許多醬油釀造倉庫。從大仙堀上由北邊望向土藏倉庫背面的風景。醬油船在此停泊，將裝在木樽裡頭的醬油搬運上船後運往各地。

56 **福井縣勝山市旭町一丁目**（09．08）
勝山為羽二重和嫘縈織品的主要產地之一。照片中是松文產業公司的鋸形屋頂工廠和木造倉庫所形成的街景。面北。

新地標形成的街道風景
新的地標或開發計畫也會促成新的街道風景誕生。各地車站的站前大道亦同，是近代鐵路交通發展下誕生的風景。

57 **東京都墨田區Tower View通**（17．12）
二〇一二年東京晴空塔完工後所形成的街道風景。

從都市所學 之一

都市承載了世代傳承的寄託

都市空間的體現，是過去居民寄託的總和。
所以我們必須對都市空間深懷敬意。

護城河畔

1 東京都千代田區皇居周邊（2017.01）

2 松江市松江城周邊（2016.05）

5 近江八幡市八幡堀周邊（1996.09）

3 甲府市甲府城周邊（2015.12）

6 松山市南堀端通（2010.09）

4 靜岡市駿府城周邊（2017.03）

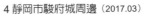

都市理所當然是物理性的三維空間，但我們都知道，在長寬高劃設而成的空間之外，當中還容納著當地居民的情緒、記憶以及日夜的生活軌跡。有多少人就有多少的生活軌跡，對都市的想法自然更數之不盡。

只是當每個人對都市空間有不同想像時，便很難判斷該怎麼看待都市才稱得上公平公正。

不過換個角度，就算我們對於空間的想像無邊無際，但大家都居住在同一個都市裡，也都在相同的空間中反覆度過日常。也就是說，都市空間彷彿一只容器，接納著人們對其形形色色的想像，不只平等對待所有人的存在，也適切地扮演了我們每一個人對它投射的期望。

都市空間是單一個體，當我們從物理角度來看確實如此。但從居民的角度來看時，有多少人居住其中，就有多少種解讀方式。都市空間之所以重要，就是因爲它作爲一個深厚的容器，廣納了居民們的萬千思緒。

都市空間的重要程度，有些人會從它的歷史意義或者是空

親水風景

海邊、水渠、護城河與湧泉水（湧水）等，面對不同的水文，人們會有不同的巧思，而當中也蘊藏了不同的都市構想力。隨著地勢的高低、周邊地區的開發狀況等，景色也會產生極大的變化。每個時代對水路的期待與想像，促成了各種不同的親水景色。

護城河畔

到了近代，城下町的護城河旁展開道路建設，所謂「堀端通」的景色也就此誕生。這是日本都市的特色之一，因為有城下町的歷史背景，在市中心才會出現如此遼闊的道路空間。

1 **東京都千代田區皇居周邊**（17・01）

皇居櫻田堀周邊。照片後方的城門是櫻田門。城門背後則是有樂町與丸之內一帶的商辦大樓建築群。江戶城下町的建設軌跡，讓東京市中心留下這一片遼闊的景色。

2 **松江市松江城周邊**（16・05）

站在松江城内護城河旁的道路，面北。十七世紀初期，填埋低窪濕地後建設了松江城。松江歷史資料館位於照片右手邊長屋門的内側。

間設計的品味來判斷。但最關鍵的，是從它是否適切發揮了作爲容器的價值，換言之，是否具備寬闊的度量容納居民各式各樣的寄託，才得以判別。

不只有現在的居民，過去曾居住其中的人也不例外，人們必然會在一個都市裡留下或多或少的痕跡。舉個簡單易懂的例子，比如說全日本隨處可見的田園風景。它們得經過長年的開墾，慢慢形成農地，最後才終於擴大成爲一片田園風光。儘管每一畝田地各有其主，但在跨世代持續努力之下，形成一幅和諧的大自然景緻。

而維持農地耕作的灌溉用水亦十分重要。翻開灌溉用水的歷史，會發現它可能比其他任何一種人工設施都還要來得古老。這些都是刻畫於土地之中，代代傳承下來的活生生歷史。

都市用地變化快速，比較難舉出像農地這樣顯而易懂的案例。但仍舊能從細部的都市構造中，解讀不同的時代各自賦予都市的想像和期待。

舉名古屋爲例。名古屋是個巨型都市，步行走遍名古屋近

3 **甲府市甲府城周邊**（15・12）
甲府城護城河沿岸道路。位於舞鶴城公園南側，面東。左後方是甲府城的所在地。

4 **靜岡市駿府城周邊**（17・03）
駿府城公園東側的道路。站在中護城河沿岸，面北。右手邊是靜岡大學附屬小學。縣政府大樓、地方監察機關、市民文化會館以及許多學校都建設在中護城河與外護城河之間。

5 **近江八幡市八幡堀周邊**（96・09）
從城下町往八幡山途中，在白雲橋上眺望的八幡堀。面東。八幡堀過去因散發惡臭而一度決議掩埋，在市民運動的奔走下回復成現今所見的清流。

6 **松山市南堀端通**（10・09）
西堀端通、南堀端通和東堀端通包圍著松山城的護城河，形成圍繞城山一圈的內環狀道路主幹。左手邊的森林地，是城山公園中被稱為堀之內的開放空間。

7 高岡市新湊内川沿岸（2005.11）

8 京都市左京區哲學之道（2010.04）

9 倉敷市美觀地區周邊（2013.09）

10 荻市川島（2006.11）

乎是個不可能的任務。不過如果只靠地下鐵移動，又很難培養對四周環境的方向感。

眞的要走的話，該怎麼走？又該往哪走呢？答案其實很簡單，從名古屋車站出發，沿著東西向主軸的廣小路通往東前進，就可以留意到被藏匿在都市空間裡頭，歷史所留下的種種蛛絲馬跡。

廣小路通的東半部，在一六六〇年發生火災後拓寬作爲防火用地使用。一八七七年，在廣小路通東側的三叉路口上，縣政府大樓完工。因爲剛好位在都市計畫範圍的最東邊，才會在東側出現了三叉路。

在那之後，作爲縣政府前的主要道路，廣小路通的西側也在一八八一年開始拓寬，成爲延伸至堀川邊的寬闊道路。加上一八八六年，東海道線的名古屋車站於現址偏南側的位置啓用，從車站延伸至堀川的道路隨之整備，堀川上的納屋橋也在一八八六年時改建，成爲我們現今所見的鐵製拱橋。就此，名古屋的都市構圖便以廣小路通爲軸，連結兩側的車站

水渠、湧泉水
人為建造的水渠和湧泉水也是都市基礎設施一環。這些水渠和周邊的建築、小空間相互呼應，形成一種關係緊密的都市空間。追溯這些渠道的歷史，就可以知道人們為了把水引導到都市，中間經過多少縝密的規劃。

7 **高岡市新湊内川沿岸**（05．11）
雖然新湊内川看起來像是一條天然的秀麗河川，但其實是兼具船隻停泊功能的人工運河。可以感受到因船運與漁業而繁盛一時的過往風情。

8 **京都市左京區哲學之道**（10．04）
琵琶湖疏水分水道的道路。面北。疏水本線起初是為了確保京都的供水及產業振興。但分水道沿線也可見水力發電、灌溉、消防用水的用途，甚至運用在東山周邊的庭園用水。

9 **倉敷市美觀地區周邊**（13．09）
倉敷川畔的風景，是過往水路運輸的物資集散地。面東南。右手邊是大原美術館。一九七九年被選定為重要傳統建造物群保存地區。

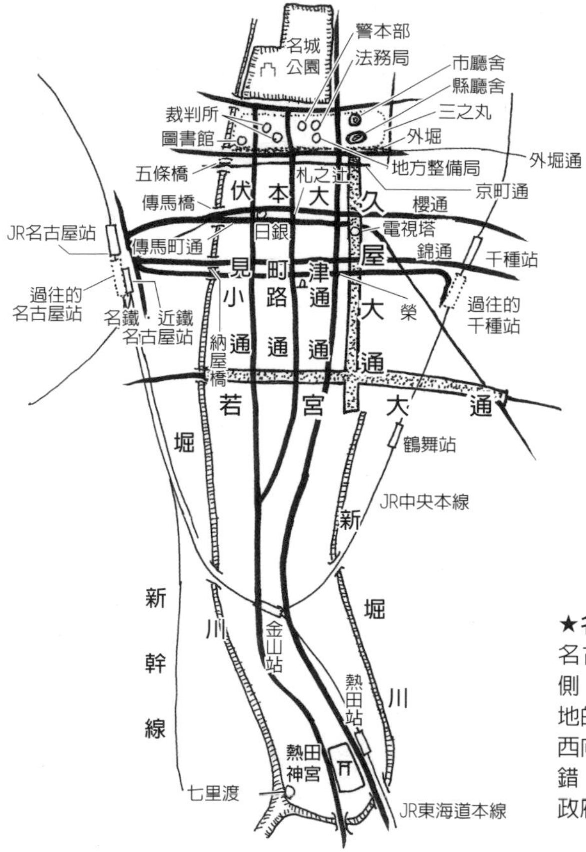

★名古屋的都市構造圖

名古屋城位於名古屋台地的北側，也就是現在的名城公園。台地的稜線就是本町通的路線。東西向的廣小路通和本町通垂直交錯，是過去連結名古屋車站和縣政府的主要幹道。

10 **荻市川島**（06・11）

江戶時代初期，在阿武川河口的低窪濕地上建設了荻城下町。川島地區靠近上游，位於河口三角洲的東南隅。照片中是被稱作藍場川的水渠風景。面西北。

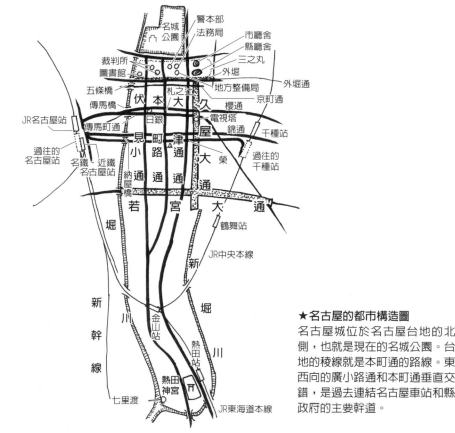

11 倉吉市（2007.02）

12 京都府舞鶴市西舞鶴吉原（2005.05）

15 福井市東郷（2009.07）

13 小諸市弁天清水周邊（2012.02）

16 高知市上町（2012.11）

14 郡上市八幡町本町宗祇水周邊（1999.07）

與縣政府相映成趣。

在這邊用了短短數行的段落，簡略地說明了名古屋最初的都市形成經過，但背後的參與者數之不盡，都市構想也在過程中逐步擴大，跨越數個世代傳承至今。各個不同時代的居民分別實踐了部分想法，並且一次又一次地交棒給下一個世代，藉此，終於逐步拼出名古屋這個大城市的骨幹。

有趣的是，縣政府在一九三八年沿著大津通北上，遷移到現今所在地。廣小路通也因此從縣政府的舊址再向東邊延伸，我們現在所稱的榮十字路口，也在此時誕生。江戶時代以來一直偏離市中心的榮，瞬間變身爲繁華的城鎮，這種看似戲劇性的發展，也是在一次次的都市計畫決策中形成的。

不管在任何時代，都有行動者繼承前朝的意志，並因應時勢展開計畫將其具體實踐。廣小路通也不例外，因爲有每一位行動者不同的想法，才堆砌出廣小路通現今的樣貌。

毫無疑問，類似的故事也在每一條道路及每一塊土地上演。可能過程不一定像廣小路通充滿戲劇性，但所謂戲劇性與否，

11 **倉吉市**（07・02）
倉吉聚落位於打吹山的北側，玉川蜿蜒其中。以白州瓦的紅瓦屋頂和白壁土藏群聞名。面西。面向與背向街道的建築物錯落其中，街景十分特別。1998年被選定為重要傳統建造物群保存地區。

12 **京都府舞鶴市西舞鶴吉原**（05・05）
○頁歷史街區後方的景色。兼具船隻停泊機能的水渠。面南。在一場大火後，聚落搬遷到現在的位置。但也因為相對位置的改變，現在照片中東邊是西吉原聚落，西邊是東吉原聚落。

13 **小諸市弁天清水周邊**（12・02）
在湧泉水前方形成了一個小廣場。古代的東山道上，面北。自古以來聲名遠播的名水。附近有水神弁財天的參拜之處。

14 **郡上市八幡町本町宗祇水周邊**（99・07）
歷史悠久的名水史蹟。同時也留下了連歌詩人宗祇在郡上祕密修習《古今和歌集》釋義的軼聞。鄰近長良川支流・吉田川與小駄良川的匯流之處。

都只是後來附加的判斷。每一個都市空間都經過了複雜的歷程才走到今日，所以我們得對每一個空間抱持敬意才行。

出於每個人喜好不同，會對不同的都市風景或都市空間產生興趣。但可以肯定的是，沒有空洞、無趣的都市或都市空間。正如名古屋的例子，都市空間裡濃縮了所有現今及過往居民們的經驗與寄託。若對都市空間感到枯燥乏味，或許是出於敏銳力不足，無法和在地居民產生共鳴；又或者是欠缺洞察力，還沒辦法找出它的有趣之處。

＊＊＊

從社區營造的角度來思考這個觀點，有件事値得一提。都市空間作爲容器，廣納居民加諸於其的各式想像，但這不能只用一句「都市有很多種解釋方式」來草草帶過。

必須親身了解各種觀點，梳理所謂「很多解釋」背後的每一種看法，並從中找出佔有最大公約數者。藉此進一步釐清

15 **福井市東鄉**（09．07）
東鄉是一乘谷附近的在鄉町。道路中間可以看到堂田川渠道。

16 **高知市上町**（12．11）
上町是高知城下町的一部分，為工匠技師聚集的職人町。染料業者為了染布而開鑿了水渠，日後作為生活用水使用。

海邊
海景大致可分為漁村以及非漁村兩種。從漁船靠岸停泊的景色中，可以感受漁村的生活氣息。漁村所形成的高密度都市空間，也擁有獨特的魅力。

17 **鹿兒島市鹿兒島港本港區北埠頭**（18．05）
鹿兒島港北埠頭北側整備而成的區域，通稱為 Shiokaze 通。遠處的櫻島渡輪碼頭，二十四小時都有船班往來航行。右後方的樹叢是城山所在之處，左手邊屋頂很醒目的建築則是鹿兒島水族館。

17 鹿兒島市鹿兒島港本港區北埠頭（2018．05）

18 大分縣津久見市保戶島（2016．07）

19 青森市青海公園（2018・05）

20 京都府伊根町伊根浦（1999・05）

21 福山市鞆之浦（2016・10）

22 長崎縣對馬市嚴原（2014・02）

自己對於都市的期許，持續不懈地帶著那個想法與他人討論、磨合共識。

但並不是用統計分析的角度，把多數派的想法當成一個乏善可陳的「既有事實」。反之，必須把它看做對於都市空間的一種「發現」，並且用社會運動理論的視角，思考如何把這種「發現」共有與深化。這項挑戰，是能否將紙上談兵的想法付諸具體的重要關鍵。

但也要注意的是，社區營造的討論中，很容易過度偏重組織動員理論或社會運動理論的層面。我不否認其必要性，但也不應該輕視物理性空間的一面。都市空間作爲容器，作爲所有居民的生活場域，重要性毋庸置疑。

我師事過的每一位在地前輩，都十分重視都市空間的重要性。如果把都市空間被動地視爲外加之物，這樣的觀點有些偏頗。都市空間是由我們的先祖一步步堆砌而成，理所當然裡頭伴隨著人的溫度。

18 **大分縣津久見市保戶島**（16．07）位在豐後水道上的保戶島。從津久見港搭乘定期船班約二十五分鐘可抵達。豐富的鮪魚漁獲讓保戶島發展頗為興盛。在陡坡上許多大型住宅緊密地林立。

19 **青森市青海公園**（18．05）面向陸奧灣，從青海公園的木棧道上遠眺的青森海灣大橋。

20 **京都府伊根町伊根浦**（99．05）搭建在伊根灣水面之上的舟屋群。二〇〇五年被選定為重要傳統建造物群保存地區。

21 **福山市鞆之浦**（16．10）鞆之浦自古以來就是等待潮汐變化航行的港口，船隻出入完全受瀨戶內海漲退潮的影響。由於海潮高低落差極大，為了方便船隻停泊，形成了照片中所見的階梯狀雁木。常夜燈位於左側。二〇一七年被選定為重要傳統建造物群保存地區。

22 **長崎縣對馬市嚴原**（14．02）南北向的嚴原本川貫穿對馬城下町的中心部分。照片中所見的是位在河口處歷史悠久的漁港。渡輪碼頭則在靠近外海的另一處。

從都市所學 之二

都市是一本持續書寫的書籍

每個都市就像是一本書。
後人會接續撰寫的書。
我們既是讀者，也是作者。

小廣場

1 那霸市首里金城町（2016.06）

2 島原市白土桃山（2009.04）

5 福井縣若狹町常神（2010.09）

6 宮崎市上野町（2018.06）

3 東京都澀谷區原宿（2012.10）

4 金澤市東山（2010.10）

每一個都市都是「有目的」地被建造而成。之所以說「有目的」，是因爲都市空間不可能在自然原始環境中出現，所以看起來再怎麼不著痕跡，其中肯定都有人爲的介入。或可以把都市空間比喻爲書籍內容裡的一個個情節，書一定有作者，所以就算劇情轉折再怎麼巧妙，一定都有作者的「目的」安排其中。

當然有獸徑這種經過漫長歲月自然形成的道路。即便如此，它仍舊是許多人（或者野獸）反覆移動後留下的痕跡，在過程中累積了許多無意識的「目的」，最終才形成了道路。

各式各樣的「目的」堆疊，都市空間終於誕生。換言之這樣的都市空間，就像是一本由許多作者共筆的書籍。我們每造訪一個都市，就像是在翻閱一本本書。

不過跟眞正的書相比，都市還是有不少相異之處。

比如說都市這本書有無數的作者。因爲有太多人共筆，所以很難斷言都市空間的各個角落，分別出自誰的「目的」被形塑而成。反倒像是許多的「目的」融爲一體，共同譜寫出

都市的小空間

都市中充斥了各種小空間、九曲巷、彎道或巨木，乍看之下毫不起眼，但細看就會發現其不可思議之處。就算看起來毫不突兀，也有各自的脈絡可循。都市就是在各種脈絡之中，形塑出多樣的空間。

小廣場

在窄巷盡頭或道路交會之處，突然出現的後退空間。這樣的小空間往往帶有磁力，讓人忍不住被吸引過去。

1 **那霸市首里金城町**（16．06）
走在金城町內琉球石灰岩的石板路時，會看到照片中的十字路口與高大茄苳樹。正前方的建築被稱作金城村屋，作為公共空間讓來客自由入內歇息。

2 **島原市白土桃山**（09．04）
島原以清澈的水質出名，在島原各個地方都有湧出的泉水。照片中是濱之川湧泉水的小廣場，由生活形態所衍生而出的公共空間。

3 **東京都澀谷區原宿**（12．10）
左側是知名的表參道。表參道與右側的岔路交會所形成的小空間。小空間吸引行人在此逗留，增添了街道的豐富性。

一個名爲都市空間的故事。

但是先不論是出於刻意或是不經意，如果細看都市空間的個別部分，還是可以看出每一個稜角之中，都藏有明顯的「目的性」。

拿住宅區的例子來說明，每一棟住宅都有業主，以及實際經手建築的營建業者，這首先就參雜了人的想法。說到底，這裡爲什麼會形成住宅區，也一定有其歷史緣由。房屋前方的馬路、路旁的店家，也基於各自的理由才會出現於此。和行政機關也脫不了關係。甚至地形、植被也都會影響住宅用地的選擇。

用上述的方式觀察公共設施如車站、學校，或是神社寺院、商店街與街道路線時，一樣地可以看出所有配置的背後都有意圖，不會無憑無據地誕生。

背後有無數的作者參與其中，匯聚了諸多的「目的」，才描繪出了都市空間的樣貌。

都市與書本還有一個相異之處。

4 **金澤市東山**（10・10）
在當地被稱為「Hiromi」的小廣場。雖然為什麼會有這個小廣場還沒有定論，但這樣的廣場確實有其防災避難價值。空地的存在也為街道帶來起伏變化。

5 **福井縣若狹町常神**（10・09）
常神半島最邊緣的聚落。位在山腳處，濱宮神社的小小參拜所及前方小廣場。彷彿是信仰誕生時的原始景色。

6 **宮崎市上野町**（18・06）
上野町聚落的歷史十分悠久。站在上野町通，面北。在分歧成中央通跟西橘通之前，街道盡頭形成的小廣場。匯聚人潮的小空間。

鉤型（曲折街道）

7 福井縣坂井市三國（2006.07）

8 愛媛縣内子町坂町 · 八日市（2011.05）

11 大分縣日田市豆田町（2009.04）

9 福井縣小濱市白鳥（2016.05）

12 鹿兒島市名山町（2012.10）

10 大阪市中央區難波法善寺（2011.01）

都市這本書未來也會被持續書寫。更進一步來說，會永遠被接力撰寫下去。

因爲居民的生活形態會持續變化，都市空間也不得不同步調整。此時多半會淘汰既存之物，創造新的空間。有些空間就算幸運地免於拆毀，再利用的方式大多也與過往不盡相同。都市空間永無止息地改變，這就好像不斷地在畫布塗上一層層的顏料，但面對的是一幅永遠的半成品。

此時我們扮演的角色其實非常顯而易見。也就是在漫長都市歷史之中的讀者與作者。重要的是，不是傲慢地對都市指指點點，而是在故事書寫的過程中，謙遜但堅定地摸索自己的登場模樣。

＊＊＊

從社區營造的層面來思考作爲書本的都市時，還隱含一個有趣的觀點：我們不只是都市空間的作者，也同時是故事中

鉤型（曲折街道）
可分為直角型曲折街道和連續型曲折街道。一方面區隔出不同空間，曲折處的建築也會成為前進的標的物，帶給步行者方向感。連續的方向變化，會吸引人忍不住上前一探究竟。

7 **福井縣　井市三國**（06．07）
面東南。曲折街道的後方是福井藩的三國湊，前方則是丸岡藩的瀧谷出村。兩個藩的交界處有小河流過，河的上方搭建的橋稱為思案橋。透過急轉彎的空間配置，區隔出了兩個不同藩屬。

8 **愛媛縣內子町坂町．八日市**（11．05）
站在　町與八日市交界之處。面北。同樣是以曲折街道區隔聚落的案例。1982年被選定為重要傳統建造物群保存地區。

9 **福井縣小濱市白鳥**（16．05）
小濱城下町的西部地區。可以看出道路有些歪斜的模樣。面西南。2008年被選定為重要傳統建造物群保存地區。

10 **大阪市中央區難波法善寺**（11．01）
水掛不動尊前方的絕妙曲折空間。透

的登場角色。當然視每個人參與程度積極與否，立場也有所不同。

這不單是要各位爲了參與其中而感到光榮，而是希望各位能從更廣泛的框架來思考社區參與一事。

我在方才提到，都市是一本永遠被持續撰寫的書籍。所謂「登場」，想強調的是作爲當事者的自覺。在跨越過去與未來的漫長接力書寫之中，登場的每一個人都有義務扮演好當下自身的角色。唯有這麼想，我們才會意識到此時此刻的重要性，以及把故事交棒給未來的責任。

但也要小心，把都市比喻爲書本時很容易陷入錯覺，以爲自己終究只是一介被動的讀者。被動的讀者很容易毫無批判地接受都市空間的「目的」，誤以爲眼見的都市已經處於最佳狀態，不再探索其他的可能性。

我們身爲讀者的同時，也是此時此刻生活於都市的主角。以各自的生活方式，把從前人手上接下的都市交付給下一代的主人公們。每個人都是要角，理應有責任積極地參與其中。

過這個曲折街道，讓小吃店林立的雜亂狹小巷弄，得以一瞬間切換成神聖的場域。

11 **大分縣日田市豆田町**（09．04）
站在御幸通，面南。豆田町的南北範圍就從北方的花月川畔到這個彎道為止。這個連續彎路同樣扮演了區隔不同聚落的角色。

12 **鹿兒島市名山町**（12．10）
戰災復興的土地規劃整理後，鹿兒島市內留下的極少數的小巷弄之一。在名山堀的遺址中，彷彿自然形成的一個迷宮空間。

13 佐渡市赤泊（2009.08）

14 長野縣大桑村須原宿（2008.03）

15 京都市右京區嵯峨野（2018.07）

16 倉敷市本町通（2017.01）

在都市這本書的面前，我們既是讀者也是作者，更是其中的登場角色之一。而都市這本書，將永遠被接力撰寫下去。

彎路
彎路是道路最為普遍的形成方式之一，通常都是在漫長的歷史推展之中一步步形成。每前進一步視野就越開闊，是一種讓人想要不停往前探索的道路空間。由歷史形塑出的街道空間，這也是一種都市「構想力」的體現。

13 **佐渡市赤泊**（09．08）
赤泊港在明治、江戶時期作為北前船的中途停靠港而發展繁榮。面北。照片中的彎道位在港口附近，沿著海灣地形形成。

14 **長野縣大桑村須原宿**（08．03）
位於中山道木曾谷，歷史悠久的宿場町。在聚落中央突然出現的一個明顯彎路。想必是為了將呈現直線分布的聚落進行區隔，才誕生的彎路吧。

15 **京都市右京區嵯峨野**（18．07）
站在嵯峨小倉堂之前町屋敷町內的道路，面南。彎道非常自然地一路向前延伸。

16 **倉敷市本町通**（17．01）
本町通是倉敷市內一條東西向的長長道路。順應著阿智神社所在地鶴形山山腳的地形，形成我們現在眼見的彎道。面東。

從都市所學 之三

都市空間具有構想力

所有的都市空間都蘊含構想力。
依循構想，孕育出都市空間。

三叉路

1 中央區八丁堀三丁目（2014.03）

2 鎌倉市御成町（2014.10）

3 文京區彌生二丁目（2014.04）

在前一章我提到了「都市是一本持續書寫的書籍」，可能會讓各位讀者產生質疑，認爲既然有無數的作者，會不會使得故事情節鬆散、前後不連貫。然而實際上正好相反，都市這本書總是能夠串起零散的章節，最終誕生一個結構工整的故事。

都市的所在位置與空間形態，藏匿了許多細膩的思考。像是地形或交通系統等外部因素，同時也得顧及安全與便利性。也就是說，都市這本書的成長與變化，會依循一定的空間規範，不會漫無章法地揮灑而成。而人們的生活形態，同樣遵循著一定的框架下發展至今。

都市的成長受到許多外部因素影響，若把都市擬人化，可以說它彷彿擁有「構想力」，一步步地改變自身的模樣。從這個角度來看，都市彷彿有目的地在推動居住其中的人，藉此主導自己的未來樣貌。

我們在釐清每個都市擁有的「構想力」時，同樣重要的是，盡可能地貼近那份「構想力」，以找出構想力背後都市所懷

三叉路

三叉路是出於特殊原因才會誕生的道路。因素有許多，如兩側地區的建設時期不同、或可能是歷史街道、可能是為了繞道，也可能分別是建築物的面向跟背向道路，更可以是出於地形條件的限制。不管是什麼理由，每個三叉路所誕生的三角地，各有其巧思蘊藏其中。除了日本，後面也加入了海外的三叉路的案例。相較之下，日本對於三叉路空間的活用，還是欠缺了一些想像力。

1 **中央區八丁堀三丁目**（14．03）
JR八丁堀車站附近。過去被日比谷町、護城河圍繞的町人地（商人聚落）。在關東大地震復興後，房屋密度急速地增加。照片中看到的是在木造建築一側，罕見地在三叉路上進行設計的例子。或許是出於腹地限制之下，為了將土地物盡其用之故吧。

2 **鎌倉市御成町**（14．10）
位於鎌倉車站北口附近，商店街與後方住宅區形成的三叉路。可以看出建築物的面向與背向道路劃分十分鮮明。

3 **文京區彌生二丁目**（14．04）
彌生二丁目是過去水戶藩駒込邸的腹地，明治時期後成為射擊遊樂場，之

抱的課題與「目的」。

我們往往認爲人類可以用自己的「構想力」來決定都市整體或一部分的發展。但是退一步思考會發現，不管我們自身或前人，都在各種制約之下，才得以進行與都市相關的所有決策判斷。也因此我才會說從根本而言，我們都受到都市的「構想力」驅動前行。

在前一章節中我將都市譬喻爲一本書，有賴都市的地形或歷史脈絡，才得以描繪出後續的情節。這也說明了，都市這本書的情節多半有跡可循，故事的發展依循著某種必然性。

然而同樣在前一章節，我明明也提到了我們既是都市的讀者也是作者，這和都市發展的必然性好像有些相互矛盾。想必讀者們會產生疑問，既然最終都能夠殊途同歸，那由誰來撰寫是不是也不那麼重要了？

從大方向而言，我認爲確實如此。也就是說，取決於地形、周邊地區的社會經濟狀況，依循類似要素而誕生的故事，往往不會有極大的差異。都市帶著自身的「構想力」，以其爲

後又再轉為住宅區。左手邊的道路通往暗闇坂。照片最左側是東京大學。照片中的位置正好是腹地的角落，所以才形成了三叉路。三叉路成為一個小小的園藝空間。

5 中央區日本橋横山町（2014.06）

4 千代田區内神田三丁目（2013.04）

6 大阪市北區大阪車站周邊（2013.08）

8 橫濱市中區中華街（2013.11）

7 前橋市銀座通（2016.04）

9 那霸市平和通商店街（2015.08）

基底創造出都市空間。

只是，生活其中的我們也是都市「構想力」的一部分。居民們的生活彷彿一個個場景，有這無數的場景才得以串連出一個完整故事。但同樣地，這些場景被含括在一個廣義的都市框架之中，其中所有影響都市的要素，就是我所說的都市的「構想力」。

再舉名古屋爲例說明吧。

在一六一〇年至一六一四年間，名古屋依循都市規劃興建而成。最北端有名古屋城，南邊則是市區所在。名古屋城座落在名古屋台地的北側，台地向南側延伸，熱田神宮位在盡頭。江戶時代所規劃而成的市區範圍，除了堀川沿岸以外，多半都位在台地之上。

名古屋的地形條件間接決定了日後都市容貌的改變方向。比如說，東海道線或中央線的鐵軌都沿著台地邊緣鋪設而成，因此名古屋、金山、鶴舞或千種等車站也都依偎著台地的邊緣誕生。還有在戰後，作爲防火路線開闢而成的若宮大路，

4 **千代田區内神田三丁目**（13．04）

JR神田車站北口一出來的景象。鍛治町與豎大工町之間，以前被稱作上白壁町。附近有鐵道路線斜切經過的緣故，這一帶可以發現許多三叉路。位在站前的繁華地區，所以街景變化非常快速。這時的三叉路口是一座廣告塔。

5 **中央區日本橋橫山町**（14．06）

站在靖國通上淺草橋十字路口附近，面南。右側是近世以來町家街區的道路，左側是震災復興後形成的主要幹線。因為都市軸線移轉而形成的三叉路。

6 **大阪市北區大阪車站周邊**（13．08）

阪急百貨正前方的三叉路。一八七四年，梅田停車場（現JR大阪車站）在大阪城下町北側外圍的曾根崎村建成。偏離城下町之故，車站周邊至今仍留下了許多不規則狀的道路。

7 **前橋市銀座通**（16．04）

面西北。從前橋城下町時代延續至今的三叉路。道路之所以呈現微彎，是受到鄰近向北蜿蜒的廣瀨川（也是利根川的舊河道）影響。

也是東西向橫切了台地的中央部分。

如上所述，名古屋的地形一步步引導著都市的變化。不知道各位是否有感受到我所說的，都市彷彿帶著「構想力」，引導著自身的未來。

但是也不是說居住其中的人可以就此兩手一攤，只消等待都市自然發展。與其說我們被動地受都市變化驅動，我想強調的是都市和居民兩者環環相扣的關係。爲了維繫與都市的美好關係，作爲居民的我們也必須持續不懈地努力才行。

＊＊＊

這樣將都市擬人化看待的觀點，在社區營造的現場又能帶來什麼啓發呢？

首先，當我們從都市的角度出發思考時，能夠客觀地看待其他社區行動者的想法，並且用更寬闊的視角重新審視自己的立場。避免個人的獨斷獨行，掌握更爲宏觀的前進方向。

8 **橫濱市中區中華街**（13．11）
橫濱中華街的西北入口附近。相較於周邊地區，十九世紀初時中華街一帶較早開始農地開墾，而在日後都市軸線變化之中形成了三叉路。照片中的中華風建築，居然是公衆廁所。

9 **那霸市平和通商店街**（15．08）
面東南。戰後許多拱廊商店街紛紛在國際通的北側誕生，平和通商店街也是其一。朝著南邊沿著彎曲的商店街前進的話，就會碰到這個罕見的拱廊三叉路。

海外的三叉路

和日本相比，海外的建築物更積極地與三叉路互動。比如說面向三叉路口的建築，或是配置街道傢俱、設有小型神廟等，有各式各樣的巧思。相較於日本，海外在三角空間上的砌體結構*建築，更能順應不規則的腹地形狀自由地調整建築物的平面。（編按，*砌體結構：承重構件是由各種塊材和砂漿砌築而成的結構，磚材與石材結構屬之。）

海外的三叉路

10 佛羅倫斯（2014.11）

12 伊斯坦堡（2016.10）

11 加德滿都（2012.07）

13 羅騰堡（2009.05）

自己所居住的都市有什麼樣的課題？各個都市空間在解決這些問題上，又下了哪些功夫，或還缺少些什麼？透過客觀地審視這些事，能夠時刻掌握社區營造的方向感，不偏不倚地持續前進。

都市在其自身的構想中逐漸茁壯，相較之下，置身其中的個人顯得非常渺小。但當每一個人都試著解讀都市的「構想力」，順應都市、著手創造更好的都市生活方式時，就可以促成正向的改變。也就是說，這樣的思考方式能帶來靈感，幫助我們譜寫出時代的篇章。

同時也會在這個過程中培養方向感，或者說是置身現場的靈敏嗅覺，用來審視現實層面的問題，並找出方法突破這些關卡。

10 **佛羅倫斯**（14．11）
面向三叉路的建築。除了在街上設置了噴水池之外，二樓甚至設計了能夠遠眺三叉路廣場的小房間與陽台。

11 **加德滿都**（12．07）
三叉路小廣場上的印度教神廟。祈禱的場域與廣場的喧騰相互交雜，形成了亞洲國家獨有的混沌雜亂狀態。

12 **伊斯坦堡**（16．10）
傳統與現代紛呈的三叉路。這個三叉路就像是一個亞洲與歐洲文化會合的交叉點。

13 **羅騰堡**（09．05）
德國小型都市典型的街角風景。三叉路之所以看起來如此醒目，是因為地形的高地差增添其獨特魅力。周邊的建築物並非以三叉路為中心形成，而是各自依循傳統的樣式建設。

從都市所學 之四

形形色色的都市面貌

所以不會有一模一樣的都市。
每個差異都其來有自，並且各有其意義。

坡道

1 奈良東大寺二月堂周邊（2014・10）

2 金澤市寶町（2010・10）

3 島根縣雲南市吉田町吉田（2016・05）

每個都市的環境條件不一，擁有的「構想力」自然不一樣。理所當然，在各自的構想力之下，所孕育出的都市空間也不會相同，這正是每個都市所擁有的性格。

都市性格，不單指在地傳統風俗或獨特的故事。都市會用各自的方式去呼應環境，這些呼應日積月累下呈現出的不同地貌表情，才是所謂都市性格。因爲環境不可能被複製，每個都市的呼應方式、形成面貌自然各有不同，都市性格便在這個過程中誕生。

不妨這麼說，都市的價值正來自於它如何適切地回應環境。所以這些相異之處，正是各個都市的價值所在，也是都市性格所在。

每個人有各自的性格，聚集了不同的個體，社會才會產生豐富的多樣性。都市亦同。每個不同都有其用意，因爲不同，才顯得更有魅力。

以下舉例說明，這也是名古屋在本書中第三度登場。靜岡和鳥取，是與名古屋構造十分相似的都市。這三個都

斜坡風景
斜坡地形不一定是限制，有時反而可以思考如何活用上下坡的視線變化，創造出有趣的空間。階梯亦同，有些階梯的配置十分巧妙，甚至能夠讓人忘卻爬坡的辛勞。

坡道
日本的地形整體來說缺乏平地，有高低差的坡道佔了多數。坡道之上與坡道之下的都市，出於地形等因素往往扮演不同機能，也因此連結上下兩者的坡道多半充滿獨特個性。

1 **奈良東大寺二月堂周邊**（14．10）
東大寺境內西側，從大佛殿往二月堂的路上。站在二月堂的裏參道上，面東南。坡道盡頭的醒目屋頂即是二月堂。坡道兩側則是東大寺其他塔頭*的土牆。（編按，*塔頭：佛寺中，高僧、大師過世後，弟子在其卒塔婆附近或敷地內建立以守護卒塔婆的小院、小庵。）

2 **金澤市寶町**（10．10）
沿著小立野台地北側的坡道，從寶町前往天神町的途中。面北。沿著台地的稜線寺廟與神社林立。

3 **島根縣雲南市吉田町吉田**（16．05）
吉田村的聚落中心，過去因腳踏風箱

市都是縣政府所在地、都是城下町，甚至直至今日縣政府大樓也仍座落在城郭的不遠處。然而，這三個都市卻擁有截然不同的面貌。

首先我們來看靜岡的例子。

和名古屋相同，靜岡也是德川家康在晚年建設的城下町，因爲與德川家康的深厚淵源而爲人所知。城郭位於北側，南側則呈棋盤方格狀構造，由邊長京間50間[1]的正方形街區構成。這兩個都市的起源與構造十分相似，甚至稱其爲姊妹都市也不爲過。

甚至日後近代化的過程也大同小異。城內一度成爲軍事用地，戰後則轉作公園使用，公共設施也多半集中於城郭周邊。車站的建設位置也都鄰近既成的市鎮，連結車站與市中心的站前大道伴隨而成。說到站前大道，過去在名古屋肩負這個重責大任的是廣小路通，但在戰後則交付給櫻通。在靜岡則是由御幸通這一條寬闊的道路，連結了車站與縣政府周邊的區域。

製鐵技術而繁盛。鐵山師田部家的宅邸與土藏群也在不遠處。緩坡一路往上延伸。

1 譯注：京間爲日本關西地區普遍使用的長度單位。一間約六．五尺（一九六．九公分），五十間即約九十八．五公尺。

★靜岡的都市構造圖

東海道從西側往駿府城延伸，到盡頭時右折轉入吳服町通，再繼續向東推進。棋盤方格狀構造的商人聚落和名古屋十分相似。

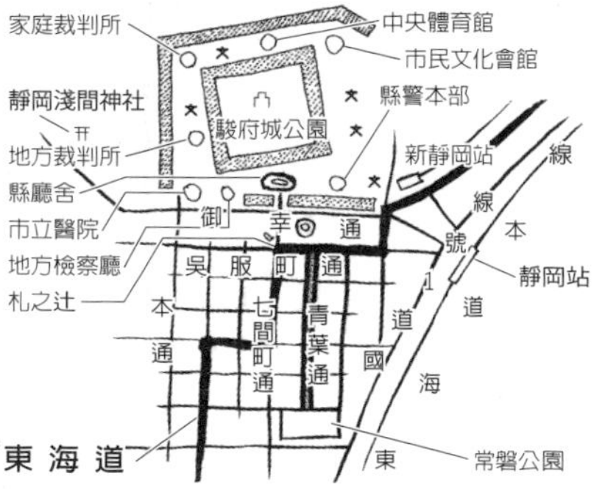

4 平戶市鏡川町（2008.12）

5 那霸市首里金城町（2016.06）

6 富山市八尾（2004.03）

7 京都市東山區八坂上町（2018.06）

8 栗東市觀音寺（2011.10）

9 高山市天性寺町（2012.04）

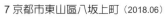

這兩個都市都面臨了戰禍，所以同樣在復興過程中經歷了都市的再造，甚至很有默契地，重建過程中也都活用了棋盤方格狀的都市構造。

然而，儘管名古屋與靜岡兩者在都市構造上是如此地相似，但當焦點放到市中心時，卻形成了截然不同的現況。追溯名古屋的商業中心，江戶時代以本傳馬町通本町十字路口最爲出名，明治到大正時期則轉至廣小路本町。接著在戰前依序移轉到廣小路大津通、榮，現在則延伸到名古屋車站前一帶。

相較於不停更迭的名古屋市中心，靜岡則始終如一。札之辻是過去東海道地區幕府、藩主公布法令、公告的高札場，直至今日仍舊是十分熱鬧的市中心地區之一。

爲什麼會出現這種不同？

可能是出於都市的規模，或者是肩負都市發展的人們氣質不同，但我更想把它稱爲都市性格。每一個都市的故事都從這些相異之處出發，沒有高低優劣之分。

接著讓我們來看鳥取的案例。

4 **平戶市鏡川町**（08．12）
平戶城下町的西側邊緣。在寺院建築的後方，可以看到沙勿略紀念教會的塔頂。面西。

5 **那霸市首里金城町**（16．06）
從〇頁的金城村屋再往上走，就可以看見這片石板路風景。面向南邊市區。從十五世紀存留至今的古老坡道。

6 **富山市八尾**（04．03）
以「歐瓦拉風盆祭（おわら風の盆）」而廣為人知的越中八尾聚落。地處井田川南岸的河階之上。照片中是建築背向階地前面斜坡的西町聚落。

7 **京都市東山區八坂上町**（18．06）
朝著八坂塔西面一路延伸的下坡。另一個方向的八坂通，則是向著八坂塔正面的直線上坡。這一帶隨著地勢高低起伏，形成的變化多樣的坡道空間。

8 **栗東市觀音寺**（11．10）
琵琶湖東岸的偏遠聚落。面東。沿著照片中的坡道繼續往下走，可以找到聚落名稱由來的觀音寺。站在坡道回頭遠眺，可以看見琵琶湖。

雖然名古屋和鳥取都擁有城下町的發展歷史，但構成都市的過程卻迥然不同。比如說，鳥取就幸運逃過了戰禍影響。礙於篇幅因素，沒辦法說明各自的細節，不過兩者曾有過一個最大的共通點是，車站與縣政府分別座落在都市的主要幹道兩端遙遙相望。

很可惜的是名古屋的縣政府大樓在戰前搬遷，都市構造也因而變貌。相較之下，鳥取則仍舊保留了這樣的特徵。以若櫻街道為縱軸，鳥取車站和鳥取縣政府在兩地面對面彼此遙望。這個特徵完整體現了近代社會下孕育而生的都市構想，街景的完成度令人驚嘆不已。

重要的是，即使鳥取面臨了一九四三年的地震和一九五二年的大火，都市構造不僅沒有受到破壞，若櫻街道甚至一次次地強化其都市軸心機能，數次的道路拓寬整備下，終於形成一條耐火集合建築連綿而成的防火道。這條道路不僅仍舊健在，也是日本第一條融入裝飾藝術建築風格（Art Deco）元素的防火道，因其高度的設計感而受到全國注目。（參照48

9 **高山市天性寺町**（12・04）
江名子川位於高山舊市街地東側。沿著江名子川形成的聚落被稱為空町。面東。坡道持續往遠方的東山延伸。

★鳥取的都市構造圖
鳥取城下町位於久松山腳下，漸漸地往西南方建設。面向久松山，有三條道路貫穿了城下町。

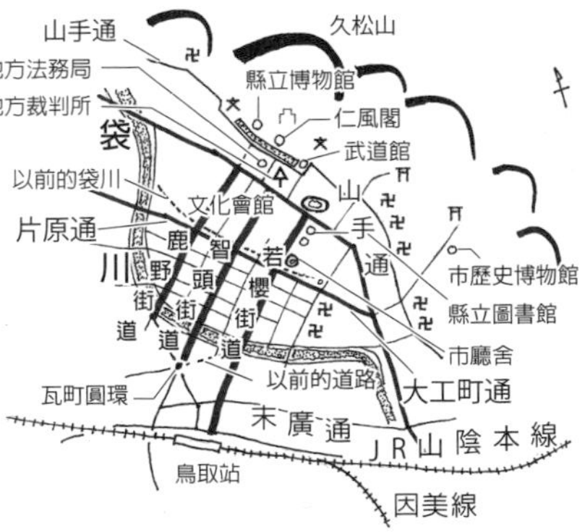

階梯

10 長崎縣對馬市嚴原町萬松院（2014.02）

11 長野縣南木曾町妻籠（2014.06）

12 鹿兒島市南洲公園入口（2008.03）

頁照片5鳥取市若櫻街道）

和名古屋相比，鳥取的個性鮮明許多。首先，車站與縣政府分別坐落於若櫻街道的兩端，完整體現了近代都市的統治與開發思維。這個特徵甚至逐年累月地被強化，這也訴說了鳥取的獨特個性。雖然鳥取和名古屋曾有過共通之處，但因爲各自的理由與構想促成了相異的面貌。而這些不同之處都有跡可循，形塑出每一個都市獨有的性格。

＊＊＊

社區營造的主要目標之一，便是爲了雕琢社區獨有的性格。除了那些坐擁知名景點或物產的地方，多數時候人們常將周遭的生活風景視爲理所當然，不自覺地忽視了社區的性格所在。就像是外國的月亮比較圓，人們往往會先看到自己所沒有、但他人卻擁有的東西，這是人之常情。在討論都市空間時也一樣，就像我們會去熱切關注新誕生的建築，卻鮮少

階梯

更陡峭的坡道就會形成階梯。高低差以及眺望的視野，替水平的都市空間帶來立體的變化。

10 **長崎縣對馬市嚴原町萬松院**（14・02）
嚴原的萬松院裡，沉睡著對馬藩主宗家。照片中是通往陵墓的石階。置身其中，可以感受到一百三十二階石階道的歷史感與蓊鬱杉木林的莊嚴感。

11 **長野縣南木曾町妻籠**（14・06）
妻籠是在斜坡地形成的宿場町。為了自然地順應地形高低差，下了許多功夫。照片中除了階梯之外，在階梯的左手邊還有斜坡。

12 **鹿兒島市南洲公園入口**（08・03）
南洲公園內的墓地，埋葬著以西鄉隆盛為首的西南戰爭犧牲者。登上公園的階梯。面西。

有人留意無聲消逝的歷史。

社區無法相對比較，只適用絕對評價法。政府推行政策時，或許可以拿其他都市的政策進行比較、參考。但在社區營造上，相對評價、排列高低次序一事，完全無助於理解社區的價值與魅力。

那麼，該如何看待社區呢？

讓我們回到前述的譬喻，將社區想像成一本書本。比如說，出版一本內容相似的書就沒什麼意義對吧？每一個社區裡，俯拾皆是潛藏在空間之中的故事，任憑你的想像馳騁於都市的「構想力」之中，就能發現社區是如何依循這股力量而形成。每一個都市裡的社區，都不乏這種動人故事。

當認識那些故事後，必定很快就能理解我所說的，和其他社區比較是多麼地毫無建設性。也一定能體認到，重要的是該如何讓社區的個性更綻放光芒。

而這不僅限於討論社區問題。爲了突破某個困境時，一般我們會採取兩種方法：逆轉弱勢，或是加強自己的優勢。一

13 **金澤市東兼六町**（10．10）緊鄰兼六園東側、松山寺邊界的八**坂**。從小立野台地東邊出發的直線上坡。階梯與坡道的組合。

14 **新潟縣佐渡市相川長坂町**（09．08）長坂是連接上町與下町的主要幹道。爬上陡峭的直線階梯最高處後，可以看到修復完成相川奉行所（國指定史跡）。而在階梯下方則有舊相川稅務所（國登錄有形文化財）等洋風建築。

15 **文京區目白台一丁目**（06．11）胸突坂。通往神田川北岸河階的陡峭階梯。左手邊是肥後細川庭園．永青文庫，右手邊是椿山莊（舊山縣有朋邸）。

14 新潟縣佐渡市相川長坂町（2009.08）

13 金澤市東兼六町（2010.10）

15 文京區目白台一丁目（2006.11）

17 和歌山市雑賀崎（2016.08）

16 長崎市玉園町（2012.05）

18 熊本市京町二丁目（2013.12）

般而言，逆轉弱勢比較容易。因爲如果有爲現狀所困的人，只要著手改善問題即可。相較之下，要怎麼加強優勢比較困難。因爲很容易受到「既然不爲現狀所困，不如先去處理更緊急的問題」等質疑，在不容易取得大眾的理解之下，人們往往鮮少採取這樣的方式。

但是在社區營造議題上，我認爲必須從強化優勢著手。有耐心讀到這裡的讀者，應該多半能夠認同我的主張。特別是身在社區時，我更深感如此。

當然，這並不是說克服弱點並不重要。只是那是行政單位的課題所在，社區營造在其他層面還有許多需要思考的問題。因爲當我們在討論都市的「構想力」、從都市性格中找出社區的未來時，所有正向的評價，將會帶給社區工作者很大的鼓舞。

到此爲止的四個章節，主要在討論觀看都市的方式。接下來的兩個章節中，我想帶大家看看居住在都市中的人們。

16 **長崎市玉園町**（12・05）
從筑後通望向北方山地的風景。這裡是舊市街地的邊界部分，許多寺院聚集。照片中住宅區後方有一片墓地。更遠處的建築物是旅館。

17 **和歌山市雜賀崎**（16・08）
向南傾斜的陡峭斜坡上形成的漁業聚落。聚落內建築密度高，有許多階梯狀的小路交錯縱橫。

18 **熊本市京町二丁目**（13・12）
熊本市區建設於台地之上，從城下町時代就延續至今。從京町台的西側邊緣向西眺望的風景。熊本城位於照片南側。

從都市所學之五

充滿魅力的人與都市

有魅力的都市裡住著有魅力的人。
都市因爲這些有魅力的人而充滿魅力。

祭典

1 岐阜縣高山市 · 高山祭（2007 · 04）

2 岐阜縣飛驒市 · 古川祭（2014 · 04）

3 富山縣高岡市 · 伏木曳山祭（2016 · 05）

4 福井縣坂井市 · 三國祭（2008 · 05）

在前一個章節我提到，推展社區工作時不要感嘆「這也沒有那也沒有」，應該要以「我們有這個！」而感到驕傲。我想大家應該也都很清楚這個道理。

這種重新發現故鄉魅力的視角之所以重要，是因爲在這個過程中，能替地方帶來許多鼓勵。而我認爲擁有這種視角的人，往往也都具備十足魅力。在任何一座都市，一定都可以找到這種充滿魅力，或至少有這種潛力的人。關鍵是以這些人爲首、充滿活力與歡笑的團體是否有成功發揮影響力。

這種人多半十分謙虛地看待自己在都市中的位置，但也非常清楚自己該扮演什麼角色。至於有沒有領導能力，那倒是其次。

在我們一般認知的有魅力的都市中，多半可以找到如上所述的人。

因爲這些有魅力的都市，往往個性都十分鮮明，生活其中的人也很容易得到活力。當越多人被都市的魅力打動、給予正面評價時，會像滾雪球一般，促成大眾一同爲了描繪未來

人潮群聚的風景

人潮聚集之處，隨處可見空間配置的「目的」。可以說都市就像一座活生生的劇場，為了讓這個空間能夠發揮最大的表演效果，都市會進行非常周全的準備，花費長年歲月，才一步步搭建出最適合演出的舞台。

祭典

一到祭典，都市空間將化身為表演舞台。在思考都市空間是如何作為「舞台」活用時，也是在思考祭典與都市空間的關係。可以從中領悟到祭典的形成並非一朝一夕，需要長年的累積。這也是一種都市構想力的表徵。

1 **岐阜縣高山市・高山祭**（07・04）

春天的高山祭（山王祭）。在高山陣屋*附近，日枝神社御旅所前舉行的人偶獻祭表演。這時中橋公園化身為祭典的舞台，這一帶也充滿了演出開場前的氣氛。（編按，*陣屋：江戶時代幕府直轄的飛驒地區所設置的處理政務的郡代役所。高山陣屋爲全日本僅存的郡代役所主要建築。）

2 **岐阜縣飛驒市・古川祭**（14・04）

每年古川祭的四月十九日夜晚，在氣多若宮神社御旅所前方，準備起太鼓

藍圖而共同努力。環境會培育出人們的敏感度，因爲越有魅力的都市，它的性格越容易被人們看見。

當然，有可能你的生活重心和現在居住的都市沒有直接關聯，我想這樣的人甚至佔了多數。但倒也無妨，只要有注意到都市魅力的人願意挺身而出就行了。

那麼那些都市性格不鮮明的地方又該如何是好？難道是因爲它們天生缺乏了培育魅力之人的豐饒沃土嗎？

不是這樣的。就我所知也有許多例子，是因爲先有充滿魅力的人，才造就了充滿魅力的都市。——說到這裡，許多讀者可能又會一頭霧水。

正如我在前一章節所提及，每個都市一定都有被埋沒的獨特性格。關鍵在於如何找出那樣的性格，並且把它孵育成一個精彩的故事。這時要倚賴的，就是那些擁有敏銳目光、能夠發掘出都市特質的人們。擁有這種「雷達」的人其實不少，必定存在在都市的某處，只是他們平常不會對外張揚，所以一般不大容易被察覺。

前的出立祭。公園在一瞬之間化身為祭典空間，迎接在這之後張力十足的起太鼓。

3 **富山縣高岡市・伏木曳山祭**（16・05）

港都伏木以激烈的「喧嘩山」祭典聞名。白天壯觀的花笠山車，到了晚上則變身為提燈山車。照片中是「Kaccha（かっちゃ）」儀式山車相互衝撞前，雙方相互宣示的樣子。

4 **福井縣坂井市・三國祭**（08・05）

湊町三國內三國神社的例大祭。除了山車之外，因大量的祭典攤位聚集而廣為人知。和平常閑靜的神社境內呈現截然不同的風景。

5 **東京都千代田區神田神保町・神田二手書祭**（16・10）

從一九六〇年開始，以神保町的Suzuran 通為中心，每年秋天舉辦的二手書市集。照片是青空古本市集的光景。

5 東京都千代田區神田神保町・神田二手書祭（2016・10）

6 長崎市 ・ 長崎燈籠節（2008・02）

9 石川縣小松市 · 旅祭（2005 · 05）

7 群馬縣甘樂町 · 小幡櫻花祭（1986 · 04）

10 沖繩縣竹富町 · 種子取祭（2004 · 11）

8 和歌山縣田邊市 · 田邊祭（2016 · 07）

確實，如果是個性比較不鮮明的都市，可能得額外下一些工夫，才能讓這些人「啓動雷達」，但最終也一定能找到都市的魅力所在。都市由無數居民的人生積年累月交織而成，只要有人的地方，就一定有故事。

在有形的都市空間中，只要稍加留心就能發現許多值得玩味之處。如果跳脫形體的限制，將目光投射到無形的文化（比如說祭典或信仰儀式、傳統習俗，以及伴隨而生的音樂、舞蹈及飲食文化。還有各地流傳至今的神話、民間故事和古老傳說，或飲食傳統等。）在日本這個無形文化資產的寶庫中，不可能找不到動人故事。

由於無形文化資產已超越本書的討論範疇，很可惜無法多加著墨，但就我個人的經驗而言，我可以向各位保證：一定能找得到都市性格。

就算在都市空間或無形文化之中遍尋不著故事的線索，有時在居民身上也可以發現蛛絲馬跡。在地居民的生活與故事，同樣隨著人們的記憶世代傳承至今。

6 **長崎市・長崎燈籠節**（08・02）
農曆新年春節時，長崎市內各處將會掛上中國式的提燈。照片是中島川眼鏡橋周邊的燈籠風景。1987年最一開始的活動名稱是寫作漢字的燈籠祭，1994年改為現今平假名的名稱。

7 **群馬縣甘樂町・小幡櫻花祭**（86・04）
沿著路中央南北向的雄川堰所舉行的櫻花祭。由織田信長次男・信雄所坐鎮的陣屋町。也是養蠶業興盛的聚落。這張照片記錄了當年的美好年代中，在櫻花樹下賞櫻歡談的光景。

8 **和歌山縣田邊市・田邊祭**（16・07）
鬪雞神社夏天的例祭。祭典分為宵宮和本祭兩日，照片紀錄的是祭典第一天的宵宮。神社鳥居前的參道上，人們在等待傘鉾拖曳隊伍到齊。

9 **石川縣小松市・旅祭**（05・05）
菟橋神社與本折日神社春天的例祭。以兒童歌舞伎山車聞名。平常鮮有人跡的拱廊商店街，每年到了這一天倏地人聲鼎沸。

10 **沖繩縣竹富町・種子取祭**（04・11）
在淨化後的土地上開始播種、祈求作

要對沉睡在人們記憶中的魅力故事產生共鳴，需要更爲敏銳的「雷達」。而這種「共鳴」的能力，也是那些有魅力的人共通的特質之一。

藉此，有魅力的人形塑了有魅力的都市。而這個可能性也會漸漸地擴展，遍及全國。

＊＊＊

上述的觀點，其實也可以視爲社區營造的眞諦。從事社區工作者，最大的考驗就是找出都市性格以及有魅力的故事。有趣的是，比起都市本身，有時反而是參與其中的人越來越富有魅力。參與社區營造的過程，也是和都市中的社群組織產生關係。想必是在日夜與人相處中，無形培養了觀察都市的眼力吧。

當都市的社群組織充滿魅力時，人們就容易找出生活的意義。容易找出生活意義的都市，正是有魅力的都市。有魅力

物豐收的儀式。歷史十分悠久。照片中是在廣場上供奉神明的表演。種子取祭長達九天，整座島上瀰漫著祭典的歡騰氛圍。

熱鬧喧騰的風景
人潮聚集之處彷彿帶有磁力，吸引人們不自覺地靠近。人們可能是對其中的店家、舉行的活動產生興趣，但當退一步去檢視都市空間時，它的地形、歷史，或是人群的一舉一動，都有可能是吸引人潮群聚的因素，人們也在無形中感知到這些魅力。這個部分主要在介紹大都市與觀光景點。

11 **橫濱市中區海岸通二丁目**（13．10）
為了紀念開港一百五十週年，於二〇〇九年開園的象鼻公園。附近的橫濱紅磚倉庫舉行慕尼黑啤酒節時熱鬧的景象。

熱鬧喧騰的風景

11 橫濱市中區海岸通二丁目（2013・10）

12 東京都澀谷區宇田川町（2006・05）

13 東京都新宿區神樂坂（2011．06）

14 神奈川縣藤澤市江之島（2018．06）

15 神戶市中央區南京町（2012．12）

16 兵庫縣豐岡市 石町本町（2013．12）

的人，也會成就有魅力的都市。人與都市，就是置身在如此密不可分的關係之中。

附帶一提，有魅力的人形形色色，各自在都市之中扮演不同的角色。有的人在街上從商，有的人可能來自毫不相關的職業。有些人從工作崗位退休後加入社區行動，也有人是家庭主婦。本書一開頭所介紹小樽的峯山富美女士正是一例。

雖然每個人狀況不一，但我發現其實主婦往往更具有看透人心的本領。因爲她們不是倚賴頭銜生活的人，所以她們在觀察別人時，也不會從對方的頭銜輕易判斷是非。也有不少從外地嫁進來的人，這種人也多半能夠更爲客觀的對都市進行評價。

還有一種例子是當地的地方公務人員。就某種意義來說，公務人員本質上就是在從事社區營造工作。也因此，裡頭一定有對於地方事務懷抱熱忱的人。特別是如果地方行政長官能有這樣的意識，大多的事情都能更加順利推展。

12**東京都澀谷區宇田川町**（06．05）西班牙坂附近的井之頭通。左手邊的道路是以前的澀谷川，右手邊過去則是農業用道路。因為是谷地地形，三叉路彷彿是一個匯流點。

13**東京都新宿區神樂**（11．06）神樂坂過去是毘沙門天善國寺的門前町，日後武家地被細分，成為擁有許多小巷弄的市街地。其中一部分曾是舞妓與藝妓穿梭的花街。

14**神奈川縣藤澤市江之島**（18．06）江島神社的門前町。從參道、邊津宮、中津宮到沖津宮，地勢一路變化，引導著來客往裡頭前進。照片中是被稱為二分山的斷層帶。

15**神戶市中央區南京町**（12．12）一八六八年神戶港開港後，在舊居留地西側形成的華人街。照片是年末時節的熱鬧景象。

16**兵庫縣豐岡市出石町本町**（13．12）被稱作但馬小京都的出石城下町。站在大手通上，面北。右手邊是城下町的鐘臺地標．辰鼓樓。

從都市所學 之六

立足於日常生活的自信

以日常生活爲傲用心地迎接每一天。
並且隨時以備「萬一」。

1 盛岡市盛岡八幡宮參道（2017．07）

2 宇都宮市二荒山神社參道（2009．12）

3 埼玉市冰川神社參道（2010・08）

4 甲府市武田神社參道（2016・04）

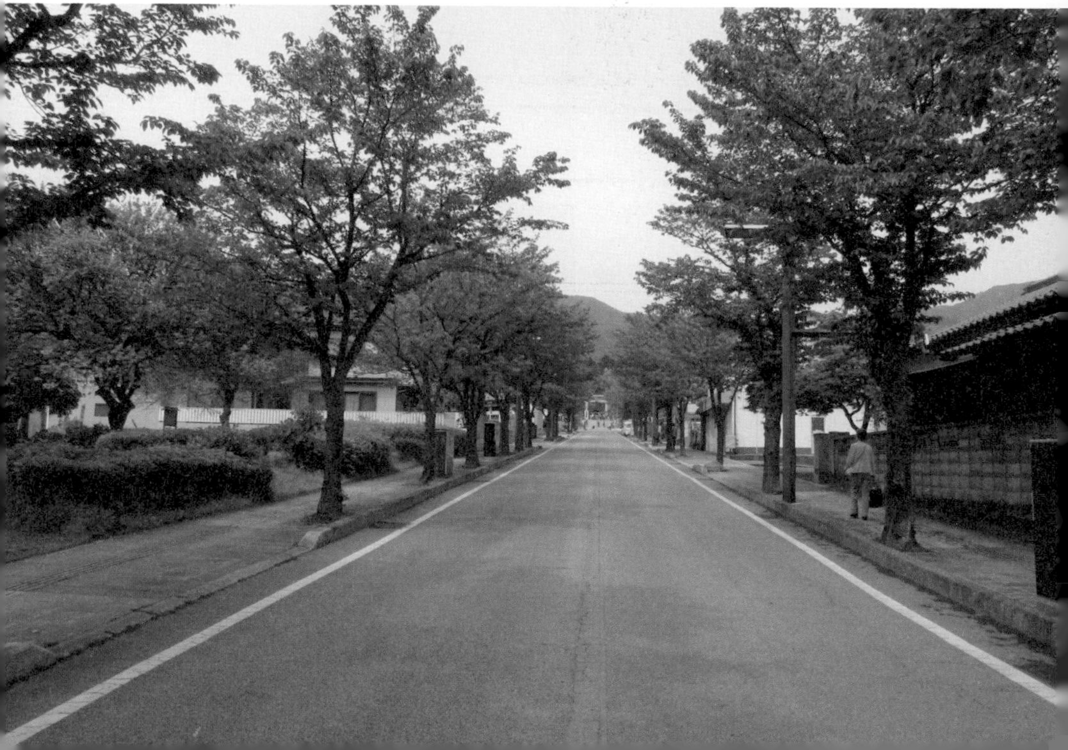

在前一章節裡，我們討論了擅於找出都市性格的「有魅力的人」。那麼，一般的居民該如何成爲「有魅力的人」？所謂「有魅力的人」和一般人又有什麼不同？還有，這種人是隨處存在的嗎？我們又該如何找到他們？

首先我想向各位強調，在我個人的經驗中，有領導能力的人不一定是永遠活躍於社區的領袖人物。這不是指現在的領袖們沒有領導能力，我想說的是，那些日復一日用心生活的人之中，一定還藏著擁有眞正領導風範的人。

長年的聚落保存運動經驗告訴我，運動的中心人物在參與保存運動前，多半只是個腳踏實地的普通居民。只是在某個時間點，出於危機感投身於保存運動，並在日後受到大家的認可而被視爲領袖。可以想見，他們平常也深受眾人的信任，否則不會成爲值得倚賴的對象。

也就是說這些一步一腳印生活的人，會在某個時刻邂逅都市的故事。那麼在成爲領袖之前，這些人是否每一天都在憂患與危機意識之中度過呢？其實並不然。他們的生活單純不

參道風景

參道，在都市空間中面向神社、寺廟的筆直道路。參道左右對稱的格局，增添了信仰的神聖性。細數近代以前的日本，除了信仰軸以外，幾乎少有這種十分筆直、強調視線方向的都市空間。

鳥居則是一種境界線，將鳥居以內的神聖空間做出區隔。試著觀察這些信仰空間時，可以窺看古人所留下的種種訊息。圍繞著「祈禱」行為，人們同樣有意識地構成了信仰場域，及其周邊的道路、都市空間。

在這部分，將針對參道與都市構造的關係進行說明。

1 **盛岡市盛岡八幡宮參道**（17．07）
一六八〇年八幡宮建造時，填埋周邊的水田形成了八幡町聚落。八幡宮的參道與奧州街道成垂直狀。明治時期以後，八幡町作為茶屋町而人潮絡繹不絕。

2 **宇都宮市二荒山神社參道**（09．12）
二荒山神社位於宇都宮南部丘陵地的最南側。神社面向南方。參道也被稱作 Banba 通。站在參道上，面北。

已，和你我並無不同。而他們也以這樣再普通不過的日常爲傲。既無猜忌、更沒有抱怨，謙遜但堂堂正正地度過了每一個平凡的日子。

我想這是一種身爲市井小民的信念，而這誠懇的生活態度，也會打動身邊的其他人。

那些一步步踏實生活的居民中，一定會有讓人眼睛爲之一亮的傑出領袖人才。這是都市的常理。如果沒有特別的事件，想必這些人也會作爲善良的市民度過一生，或者是朝著截然不同的目標前進。——當然這也是十分值得尊敬的人生。

只是一旦面臨了某關鍵時刻，當他們無法以一介市民繼續安於現狀時，就會負起責任採取行動，不畏其他的反對聲音勇敢地站出來。但他們不是爲了這突發狀況提出因應對策，而是在充實的每一天之中無形做好準備，才能立刻挺身而出。在此之前，他們都只是認眞生活的一般市民罷了。

這件事，我是從小樽的峯山富美女士身上學到的。

奧州街道與參道垂直，也是當地的中心幹道。

3 **埼玉市冰川神社參道**（10．08）
大宮地區的地名，來自於冰川神社境內莊嚴矗立的社殿。大宮最早作為冰川神社的門前町，江戶時代後因中山道通過而轉型為宿場町。冰川神社的櫸木參道從中山道分岐，向北延伸長達兩公里。照片中看到的是第二鳥居，遠處可以看到小小的第三鳥居。

4 **甲府市武田神社參道**（16．04）
武田神社建於中世武田氏三代故居的舊址。位於甲府盆地的北側邊緣。從甲府車站出發，往北北東一路延伸的武田通就是神社的參道。或許應該反過來說，是先有了這條從中世延續至今的道路，才建設了車站吧。

5 高山市櫻山八幡宮參道（2017・08）

6 新潟市白山神社參道兼上古町通（2010・08）

7 小濱市八幡神社参道（2016・05）

8 鯖江市松阜神社参道（2017・05）

峯山女士的丈夫、考古學家峯山巖先生在年輕時是高中教師，因為學校調職的緣故，兩人在北海道內曾數次搬家。有一次我造訪北海道伊達市的北黃金貝塚時，輾轉得知，原來一九五〇年代最初發現這個貝塚的，是伊達高中鄉土研究社學生們。而當時的指導老師，正是峯山巖先生。園區現在已整備完成，成為今日所見的美麗公園。作為北海道・北東北的繩紋遺跡群之一，正計畫申請登錄為世界遺產。

我還記得，當我佇立在雄偉的北黃金貝塚公園的丘陵地上，想到年輕的富美女士或許也曾眺望過同一個景色，滿腔熱血不禁湧上心頭。當然那時的富美女士只是普通的主婦，與小樽運河保存運動還沒有任何的交集。但即使如此，也絲毫無損她的偉大。她當時一定也是溫柔而堅定地扶持著家庭吧。

我忍不住想，若富美女士沒有遇見小樽運河的保存運動，她會度過怎麼樣的一生呢？被北黃金貝塚公園那樣遼闊的景色環繞，在原先的生活範圍內充實地迎接每一天，而誠懇敦厚的他們，一定也深獲周遭友人的信賴吧。這也是一種值得

5 **高山市櫻山八幡宮參道**（17・08）
以秋天的高山祭聞名的櫻山八幡宮。位於東山的西側山腳下。參道位於市區之中，面東。在照片後方可以看到東山的綠意。

6 **新潟市白山神社參道兼上古町通**（10・08）
一六五〇年代時，新潟的港口城鎮有系統地搬到照片中的位置。當時白山神社被遷移到最上流處，成為都市建設的起點。古町通既是商店街，也是通往神社的參道。

7 **小濱市八幡神社參道**（16・05）
小濱西組的寺町位於後瀨山北側山腳。八幡神社的社殿也望向北邊的小濱灣。站在參道與丹後街道的十字路口，面東南。

8 **鯖江市松阜神社參道**（17・05）
松阜神社位於JR鯖江車站附近的舊市街地中心，在明治初期舊藩主的別莊舊址建造而成。隨著時代和都市空間的變遷，神社境內、參道與市區的區隔不再明顯。

★北黃金貝塚公園（伊達市）
據說峯山巖・富美夫婦在四十多歲時經常造訪北黃金貝塚公園。希望讓大家能夠看著照片，想像他們兩位年輕時漫步在公園，度過安穩日常的模樣。

9 奈良市春日大社参道（2015・08）

10 神戸市生田神社参道（2017・02）

11 福山市鞆之浦沼名前神社參道（2016．10）

12 愛媛縣西予市宇和町光教寺參道（2008．10）

驕傲的生活方式。

有沒有遇到「這種關鍵時刻」是其次，重要的是，有沒有爲了因應這個而努力地生活。有了腳踏實地的態度，自然能夠因應。也可以說，我們爲了因應「萬一」而認眞迎接每一天時，這些早已時刻存在於我們的生活之中。

我也期許自己能夠這樣度過每一天，並且以這種姿態迎接死亡。

都市中，這樣爲人所尊敬的市民其實不在少數。這種毫不張揚卻態度堅定的生活方式，我認爲是市民素質的成熟表現之一。

或許你正身處在這樣的狀況之中，或者在你意想不到的某一刻突然降臨。或是你根本沒注意到這些事發生，就與它擦身而過。也有可能你這一生根本都不會碰到。甚或是，正因爲我們爲了因應「萬一的事態」用心地度過每一天時，才會注意到它的存在也說不定。

不論有沒有碰到「萬一」，終其一生以耿直的態度生活的

9 **奈良市春日大社參道**（15．08）
三條通既是貫穿古都奈良的東西幹線，也是春日大社的參道。面東。道路盡頭看到的是第一鳥居。左手邊是興福寺境內，神佛合一的信仰體現在參道風景之上。

10 **神戶市生田神社參道**（17．02）
既是參道，也是被稱作生田路的熱鬧商店街。包含周遭範圍，這一帶過去都是生田神社的領地，也是神戶之名的由來。面北。盡頭看到的是第二鳥居與第三鳥居。越過鐵路高架橋及三宮中心街的拱廊，在南側的西國街道上會看到第一鳥居。更南側是舊居留地。

11 **福山市鞆之浦沼名前神社參道**（16．10）
鞆之浦的山腳下聚集了許多神社寺廟。其中沼名前神社作為當時的官社之一，被記錄在《延喜式》神名帳之中。在許多小巷交錯的漁港中，由東向西延伸的筆直參道顯得特別醒目。

12 **愛媛縣西予市宇和町光教寺參道**（08．10）
位於卯之町靠山側的中町，通往光教寺的參道。在町家住宅的背後、鄰接山腳處建了許多寺廟，因而形成前町

人都是偉大的人。認眞地度過每一天，想必也不會覺得日常生活枯燥貧瘠。唯有內心貧瘠的人，眼見之處才盡是荒野。

＊＊＊

在這個章節中，闡述了住在都市的心理準備，但同時也可以看成是人際交往時的心理準備。

不論身在何處，一定都有偉大的市井小民存在。他們平時安分守己度日，但當發生特殊狀況會即刻挺身而出。都市的篇章，正是由這些人一路推進至今。

社區營造亦同，受到這些平凡卻偉大的人的無私支持。

人們常說「社造就是造人」，這包含了兩個層面，一個是社區參與的過程能夠使人成長，另一個是社區營造的最終目的是爲了培育出肩負未來的人才。有人才有社區，所以「造人」是社區營造的根本，這點無庸置疑。

在這個章節的開頭，提到了該如何找到那些有魅力的人。

家、後寺院的配置。此地區於二〇〇九年被選定為重要傳統建造物群保存地區。

13 **神奈川縣藤澤市江之島**（18・06）江島神社的參道。面南。被稱作弁才天仲見世通的懷舊商店街。江之島既是信仰的島嶼，也是風景優美的觀光名勝。

14 **長野市善光寺參道**（12・04）進入善光寺仁王門後的景色，正前方看到的是山門。參道也被稱作仲見世通。直到一七〇七年現在的本堂建成為止，善光寺的本堂一直設在仁王門內。也因此，這一帶是過去本堂的腹地，被稱為堂庭。石板路和本堂在同一時期鋪設而成。

15 福井縣越前市總社大神宮参道（2017・05）

13 神奈川縣藤澤市江之島（2018・06）

16 長崎市諏訪神社参道（2012・05）

14 長野市善光寺參道（2012・04）

17 福岡縣太宰府市太宰府天滿宮參道（2009・04）

18 大分縣宇佐市四日市門前（2018・03）

其實，這些偉大的市井小民就在我們的生活周遭。能不能發現，取決於我們的生活方式，能否和對的人產生共鳴。

行筆至此，探討了都市（四章節）與都市的人（兩章節）。最後的四個章節，是我想贈送給有意求教於都市者的一些話語。

15 **福井縣越前市總社大神宮參道**（17．05）
從JR武生車站出站後的視野。面西。橫向的南北向道路是北國街道。據傳這一帶是平安時代越前國府的所在地。

16 **長崎市諏訪神社參道**（12．05）
由於長崎半島在一五八〇年曾被捐贈給耶穌會，這一帶的神社與寺廟曾受到破壞。日後一六五一年，鎮西大社諏訪神社於現址重建。在陡峭的斜坡上設立了許多鳥居。面西北。

17 **福岡縣太宰府市太宰府天滿宮參道**（09．04）
面東。參道一路向東延伸，到盡頭後向左折，經過心字池繼續向北，才終於抵達天滿宮。天滿宮面向南方建成。太宰府是古代治理九州全域的地方行政機關，位於天滿宮西側約兩公里處。

18 **大分縣宇佐市四日市門前**（18．03）
面向東本願寺四日市別院（東別院）的參道。面西。道路盡頭看到的是山門。東別院過去曾被稱為九州御坊，統領九州地區其他所有真宗大谷派的寺院。本願寺四日市別院（西別院）也在不遠處。

從都市所學 之七

通往最佳解答的路

依循構想力，都市一定可以找到最適合自己的解答。
都市雖然沒有普世眞理，但通往最佳解答的路上，一定可以找到眞理。

河畔

↑山口市一之坂川（2015．08）

2 盛岡市中津川（2017・07）

3 前橋市廣瀨川（2016・04）

依循構想力，都市一定可以找到最適合自己的解答。

都市雖然沒有普世眞理，但通往最佳解答的路上，一定可以找到眞理。

正如我在第四章所述，都市樣貌不盡相同，而這也是都市的價值所在。所以求教於都市一事，比起追求單一的眞理，更多時候是在學習拓展其中的多樣性。

我想向各位拋出一個疑問：「將多樣性逐一羅列，並從中探求學術的眞理」這指的是什麼呢？當都市沒有一個可以貫徹的眞理或通則時，我們又該以什麼爲目標求教於都市呢？

可能有人會回答「因爲多樣，所以怎麼解釋都可以」，但這並不能構成論述。也有人會把各式各樣的都市依「構想力」進行分類，試圖比較各個案例中的共通點。這種方式有其必要，但終究只是方法，而非最根本的目標。

我認爲，可以將焦點放到各個都市所生成的答案之上。也就是說，在通往最佳解答的路上，都市是如何找出線索，來滿足自身多樣的限制與條件。被「構想力」驅動前行的過程

河畔與池塘風景

同樣是河畔風景，但規模與樣貌的不同，帶給人們的印象也隨之改變。河岸道路的小細節，道出了人與水的遠近關係。而這些小細節，也是長年的河川整治、維護下的體現。同樣地，這依舊是藏匿在風景之中的都市構想力。與河川相比，池塘則多了一份寧靜的開放感。

1 **山口市一之坂川**（15．08）
一之坂川是椹野川的支流，南北向的河川在山口市中心曲折蜿蜒。照片中看到的是御茶屋橋。面向上流處。夾道兩岸樹木林立，以六月的賞螢季節而聞名。

2 **盛岡市中津川**（17．07）
從東大通上搭建的橋遠眺上游。橋梁附近設有盛岡的公路原點石碑。中津川位於盛岡的正中心處，左手邊是市政府，下游不遠處就是盛岡城跡址。也以鮭魚逆流而上的河川而為人所知。

3 **前橋市廣瀨川**（16．04）
廣瀨川是利根川的支流。從盛岡市中心的西北流向東南。照片是站在朔太郎橋附近，面向上游的景色。左手邊是前橋文學館。在戰後的復興計畫中，沿著河川設置了長達一．二公里

中，適合每個人、每個都市的方式不盡相同。但每個人在試圖領悟「構想力」、被構想力驅動的姿態上，卻有許多共通點。還有盡可能地貼近、理解地方的態度中，也找得到共通之處。所謂學問的眞理，我想就在各自邁向最佳解答的漫長路途之中。

站在學術立場上來看，若要問我：有沒有線索可以找到適用所有都市的共通解答？我會說：其實正好相反。透過深入了解不同都市的案例後，或許就可以得到眞理的提示。

科學領域中往往存在一個完美的公式，它呈現出單一原理，只要有公式，便得以推演到各個不同的情境之中。但都市和其恰恰相反。只能透過不斷深入每個「特解」的核心，才能夠窺探「通解」的端倪。

所以，不要畏懼尋找「特解」的孤獨過程。能夠打動人的，往往就是尋找解答時那股破釜沈舟的決心。所以我才說通往最佳解答的眞理，就在那樣的姿態之中。

這幾年電腦技術漸趨成熟，模擬仿眞、假想實驗越來越容

的遊憩步道，也使得廣瀨川增添許多河畔綠意。

4 高山市宮川（2017．08）

5 愛知縣豐田市足助川（2010．03）

6 大阪市道頓堀川（2018・04）

7 京都市鴨川（2010・04）

8 兵庫縣佐用町平福佐用川（1985・06）

9 石川縣加賀市舊大聖寺川（2011・05）

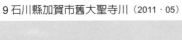

易，甚至連在室內空間都能舉行。但若就此足不出戶，會錯失許多人與都市的魅力。一定得親臨現場，只要持續保持在現場求教的姿態，就能碰到相互理解的夥伴。

過去梅棹忠夫曾將學問分成「貫通的理論」與「並列的理論」兩類。適用演繹法，探求普遍眞理的學門毫無疑問屬於「貫通的理論」。相較之下，另一種「並列的理論」則是用歸納法展開論述的學問。

其實看看文化人類學或民俗學就知道，爲了進入這些學門中多樣而深奧的世界觀，必須廣泛地掌握社會的多元樣貌。

還有許多文科的學問也致力於在各自的文化圈或區域研究之中，有系統地確立出一套觀看事物的方法。在「並列的理論」之中找出能夠合理「鑽研」的方法，或可看成是一種探求學問的本質。

這本書主要在探討如何思考都市與社區營造，和社會學、地理學、歷史學或考古學都有所關聯。這些學門，幾乎也都是在「並列的理論」之中找出「貫通」的方式。正因爲都市

4 **高山市宮川**（17・08）
宮川市神通川的上游部分。南北向的宮川，劃分了高山的新舊市區。站在宮川與江名子川匯流處的彌生橋上，面向上流的景色。河川下游的下三之町每天都會舉行宮川朝市。

5 **愛知縣豐田市足助川**（10・03）
足助川為矢作川的支流。站在真弓橋上，面向下游處。每個住家各自的護岸*並排，造就了河岸風貌的起伏變化。包含足助川在內，這一帶在二〇一一年被選定為重要傳統的建造物群保存地區。（編按，*護岸：在河岸的表面做保護土面的構造物，例如砌石塊、植草等以避免河岸受河水沖刷而崩塌。）

6 **大阪市道頓堀川**（18・04）
大阪南街代表性的繁華地區。站在戎橋上，面東。河川上架設的「道頓堀河畔步道」最初僅實驗性地在二〇〇四年部分啓用，二〇一一年河川腹地利用的規定放寬後成為恆久公共設施。

7 **京都市鴨川**（10・04）
站在鴨川的四條大橋附近，面北。河道分流處形成的河堤，時常有許多民眾在上頭散步。左側是先斗町建築物的背面。每到夏天，這裡會搭建起納

形形色色，唯有從多樣的狀態中出發，才能夠摸索出都市眞理的線索。和上述的數個學門一樣，都是抱著相同的問題意識在進行研究。

但和這些相關領域相比，都市有一件事不大一樣。——除了關心、深入理解都市的多樣性之外，最根本的在於是否積極投身其中。不能僅止於理解和解釋，重要的是親身參與，以及參與的態度。社區營造的本質同樣體現於此。

社區營造最大的前提就是必須進入地方環境之中。只是理解地方、解釋地方是不夠的。

就這層意義而言，與其說這是門學問，更像一種規劃方法。但雖是方法，也不是科技或工程的冰冷技術，而是一種和對象十分緊密、十分草根的方法。

＊＊＊

社區營造的現場也一樣。

涼的川床。川床的歷史十分悠久，是鴨川夏季代表性的親水風景。

8 **兵庫縣佐用町平福佐用川**（85・06）

千種川在赤穗出海，流向瀨戶內海。佐用川則是千種川的支流。站在智頭急行平福車站附近的天神橋上，望向上游的風景。土藏建築和沿著河岸線的石垣路連綿而成。平福最初是城下町，日後則成為因幡街道的宿場町而發展繁盛。

9 **石川縣加賀市舊大聖寺川**（11・05）

大聖寺城下町是加賀藩的支藩。舊大聖寺川既是外護城河，也是河川的主流。站在歷史街道上的福田橋，面東。左手邊是過去的武家地。

池邊

10 福岡市大濠公園（2013．03）

11 東京都台東區不忍池（2015・12）

12 奈良市猿澤池（2017・02）

社區營造的「社區」林林總總；所謂「營造」，包含了物質的創造和抽象的人際網絡構築。也就是說在社區營造的現場，同樣沒有單一順序或公式，等著我們的只有多樣而複雜的狀況而已。

但同樣地，必然會有彼此共通的部分。我認爲那可以是社區組織的設計，可以是達成共識的過程，可以是政府與地方的關係，更可以是都市與在地居民的距離感。

也就是說，與其問社區營造有沒有一個具體的行動目標，不如說它的共通性在於行動的過程，以及彎下腰貼近在地的態度。唯有如此，來自不同背景的人，才有相互討論、理解的可能性。

前一章節中我們討論了居民的日常生活。身爲市井小民腳踏實地度日，這也可以是一種通往最佳解答的方式、也是一種面對社區的眞理。

10 **福岡市大濠公園**（13．03）照片所見的湖泊，是過去從玄海灣引水而來的福岡城外護城河。一九二九年以縣營公園開幕。站在東側的遊憩步道，面北。右側則繼續延伸到舞鶴公園，也就是福岡城的本丸跡一帶。

11 **東京都台東區不忍池**（15．12）十七世紀前半，寬永寺境內的不忍池仿造琵琶湖進行整備。一八七三年，上野公園成為日本第一座公園，不忍池也被劃設其中。公園日後亦曾作為博覽會、賽馬場使用。過去隸屬於掌管皇室事務的宮內廳之故，正式名稱為上野恩賜公園。

12 **奈良市猿澤池**（17．02）從奈良時代保留至今，興福寺的放生池．猿澤池。現在成為奈良公園的一部分。最後方可以看到南園堂的屋頂。南園堂前方的橫向道路則是三條通。這一帶將坡道稱作「辷坂」。只所以會有坡道，是出於神社、寺廟地區和門前鄉的町人地地勢高度不同之故。

從都市所學 之八

因應變化做準備

都市的變化並非日新月異，而是如滴水穿石般地日積月累。
爲了催生出正向的改變，必須一步步謹慎地計畫，隨時臨機應變。

3 1995.05

1 明治末

4 2003.11

2 1986.09

5 2017.07

瀬戸川沿岸

8 2003.11

6 1986.09

9 2011.10

7 1995.03

10 2017.07

從事都市相關工作時會注意到，和其他事物相比，都市變化的速度極其緩慢。一件事要能看出顯著差異，有時得花上數年，甚至數十年。而且在變化的過程中，時常出於某些偶發狀況，一切回到原點或被迫中止。也有太多因爲政治、經濟等外部因素而窒礙難行的案例，一點也不需大驚小怪。再加上所謂變化，也不僅限於物理性的變化，比如說人的習慣、組織制度的變化，這些也都緩慢且非線性，更加不易察覺。

這是跟其他領域相較之下很大的不同之處。但這並不代表都市恆久不變。換個角度，如果把眼光放得長遠，都市的變化其實十分驚人。

與都市相關的問題，會出於每個都市各自的狀況而有所出入。正如前述，不宜操之過急、概括而論。加上除了社會實驗等例外，都市空間沒辦法在實驗室裡被假設與驗證，這也使得都市的變化更難預測。

那麼，我們該如何面對都市這樣獨特的變化規則呢？

先不談論制度規劃或人心的轉變，比如說在調整建築、道

飛驒古川的景色變遷

透過照片，依序排列了飛驒古川一九八五年至今的街道風景變化。雖然不很顯著，但確實能看出其時序更迭下的改變。如果我們能夠掌控這樣的變化方向，街道風景理應能夠逐步產生整齊劃一的秩序。而在這背後，需要的是大衆對於街道未來形象的廣泛共識。

1～5 **瀨戶川沿岸**（1）

一五八六年建設城下町時，瀨戶川成為武家町與町人區的分界線，同時也是街區的南北軸。照片右側看到的是壹之町土藏建築群的背面，各自呈現了明治末期至今瀨戶川的沿岸變化。

路等都市的構成要素時，如果能將這些緩慢但確實發生的變化，導向一個共同的目標的話，都市必然能夠朝著正向的方向前進。

在本章的照片中，將會帶各位觀察飛驒古川在這三十年間的改變。每個時期的變化乍看之下非常細微，但都一一確實地發生。

在飛驒古川當地有句話叫做「破壞老規矩」。老規矩指的是地方的規範，意指的是，希望大家不要出於個人因素，而打破群體好不容易共同制定出的準則。然而，這不只是所謂的「讀空氣」察覺氣氛之意，更包含了一種對於傳統長年積累至今的尊重。

而這種尊重之心，也體現在街道景觀之上。個別的建築物或公共建設一一遵守「老規矩」，藉此逐步形成整齊一致的景觀，最終誕生出美麗的歷史街區。這其中的關鍵，在於在地居民們是否對「老規矩」達成共識。更進一步來說，指的是重視「老規矩」的在地社群是否有發揮號

6～10瀨戶川沿岸（2）
從各個不同角度觀察瀨戶川沿岸三十年間的變化。

13 1995.05

11 1987.04

14 2011.10

12 1990.10

15 2017.07

弁天堂

18 2003.11

16 1986.09

19 2011.10

17 1990.10

20 2017.07

召力。而飛驒古川的人們，確實有這樣的意識。
但是，古川是怎麼形成這樣的共識呢？就我個人的推測，這與「古川祭」的存在息息相關。古川祭指的是每年四月十九日至二十日，於當地氣多若宮神社舉行的例大祭。古川祭和相鄰的飛驒高山「高山祭」相同，被指定為日本國家重要無形文化財，更於二〇一六年登錄為聯合國教科文組織的無形文化遺產。
每年肩負祭典重責大任的，就是各個屋台組的在地居民們。年復一年準備祭典，透過親身參與在地社群的過程中，促成了彼此對於「老規矩」的共識。所以人們常說，祭典文化興盛的地區，居民們也多半熱心致力於社區事務。
當然，也不乏對「老規矩」感到束縛的人。要把它當成是一種制約，亦或是一種能夠安心的指引，端看個人的生活方式。但對飛驒古川的人而言，從祭典得到的成就感、以及從夥伴身上得到的活力，想必別具意義。這也是為什麼，祭典或「老規矩」的共識能夠經得起歲月的考驗，常存於古川居

11～15 **弁天堂**
過去此處曾是瀨戶川從宮川汲水的取水口。日後則建造了祭祀水神弁才天的參拜所。近年，道路鋪面由石板路恢復成柏油鋪裝，據說是為了避免磨損祭典的山車之故。

民的生活之中。

我認為只要「老規矩」還存在在當地居民心中，飛驒古川就會持續往好的方向前進。本章節的副標中寫到「為了催生出正向的改變，必須一步步謹慎地計畫」，在古川的例子當中，「計畫」指的就是維繫「老規矩」的機制，而古川祭非常稱職地扮演了這個角色。推動社區營造時，為了能夠應對隨時發生的改變，必須時時刻刻把這件事放在心上才行。

——那該怎麼找出正確的變化方向呢？

其中一個能夠斷言的是，從歷史中學習。因為沒辦法在都市貿然地進行實驗，過去的經驗就成為重要的情報線索。

另一個能夠肯定的是，從其他都市身上學習。儘管都市有著無法被實驗的制約性，但換個角度來看，其他都市的經驗正是最好的參考對象。透過觀察其他都市的過程，可以相對更客觀地檢視自己的社區。

此外，政府所建設的公共設施也是都市的一部分。如果用比喻而言，明確的都市政策，就像是飛驒古川流的「老規矩」

16~20山車倉庫
弁天堂附近。可以看到三番叟台的山車倉庫和一旁的地藏堂。建築、道路鋪裝及宮川的護岸等，雖然各自隸屬不同單位，但在眾人共同的維護下，保持了景觀的一致性。如照片中，山車倉庫是屋台組負責、地藏堂是檀家維護，道路是町政府（日後合併為市政府）、護岸由縣政府整備。甚至河堤兩側的櫻花樹，是來自市民的捐款。

23 2003.07

21 1995.05

24 2014.04

22 2002.06

25 2017.07

古川車站前

28 2003.11

26 1986.09

29 2005.02

27 1995.05

30 2017.07

一般，也是促成地方共識的助力。

當然，構成都市空間的主力仍舊是民間的建築。建築改建時，若能沿著一定的方向設計，自然會形成整齊一致的都市空間印象。該如何將其引導到共同的方向，或可仰賴法律規定或準則，但輿論的力量終究不可或缺。而古川的輿論就是「老規矩」。

只要能將變化誘導到一定的方向，都市的確能往正面的方向改變。雖然極其緩步，但這件事是可能的。

要做到這樣的成果，地方上的理解不可或缺。只有當在地居民們產生共識、體悟到街道景觀之於己身的重要性，才會心甘情願接受「老規矩」的約束。但也藉此，都市景觀的改變才有了之於居民自身的「意義」。

因此重要的是，必須創造讓人們願意關心都市的契機，並且將少數人的「關心」轉化爲社會的基本共識。牽引正向變化的背後，周全的準備以及地方居民的持續參與缺一不可。這也正是所謂「因應變化而準備」之意。

21～25古川車站前

JR高山本線飛驒古川車站前。隨著站前廣場逐漸整備，車站周邊的建築風景也逐一產生變化。

古人們總是能用簡潔的字句，傳遞出豐厚的意涵。我認爲飛驒古川的「老規矩」一詞，著實具備了如此深遠的寓意。

＊＊＊

到了這個階段，「求教於都市」和「社區營造」兩者的分界點已不再明確。

如前述，居民如果想要取回都市的主導權的話，必須主動引導變化的方向。但前提是，這樣的主導權必須取得地方的理解，否則所有規範都無法發揮作用。該如何讓它發揮作用，最終還是得回歸到社區營造之上。

該如何讓居民覺得自己才是都市與都市景觀的主人翁呢？我認爲這與第五章的「充滿魅力的人」息息相關。他們富有創意思考能力，且抱有社區未來展望。有了展望，人們才能開始想像未來。

充滿魅力的人，同時也是能夠將眼光放得長遠，不會只看

26～30 **今宮橋**
搭建在宮川支流・荒城川上的今宮橋。遠處可以看到真宗寺。經過橋梁、鐘樓的重建及寺廟山門的改建，才逐步形成現今所見的景緻。

31 大横町（1986.09）

32 同上（1995.05）

33 同上（2003.07）

34 同上（2014.04）

35 殿町（1986.09）

36 同上（1987.04）（古川祭時）

37 同上（2011.10）

38 同上（2017.07）

39 匠師文化館旁（1986.09）

40 同上（1995.05）

41 同上（2003.11）

42 同上（2017.07）

43 霞橋（1986.09）

44 同上（1995.05）

45 同上（2003.07）

46 同上（2017.07）

短視近利的人。也是那些在尋找最佳解答時，不會妥協於圖利少數人的特效藥，具備慧眼顧全大局的人。

「居住」本該是一種不可輕易妥協的行爲。但當土地被視爲商品，人們只能用淺短的眼光來思考居住行爲時，就難以從地方社群的角度著想，往往得放棄顧及整體的最佳選擇。

社區營造，本來就應該是以長期居住爲前提來進行規劃。當面對都市空間十分緩慢的變遷時，唯有不疾不徐地放遠目光，才能夠有耐心地、保持正向的態度與都市爲伍。當代的社區營造該如何重新出發，或許可以先試著再次確認這個前提。

31～34 **大橫町**
貫穿古川町南北的商店街。一九〇四年大火後形成的景觀。

35～38 **殿町**
殿町的名稱起源於城下町時代的武家地。一六一五年一國一城令發布，武士紛紛往高山遷移後，這裡一度轉作農地使用，日後則發展成為市區。

39～42 **匠師文化館旁**
昭和初期時，照片左手邊處原先是町公所的所在地，其後一度劃設為廣場。一九八九年匠師文化館完工後，過往結構鬆散的街道空間得以產生秩序。

43～46 **霞橋**
搭建在宮川支流・荒城川上的霞橋與周邊街景。「三寺參拜」是飛驒古川冬季傳統風情的象徵，位於照片左側的本光寺，與鄰近的圓光寺、真宗寺同為祭典舞台之一。

從都市所學 之九

傾聽來自過去的託付

為了把過去的託付傳遞給未來世代，
我們每一個人都肩負著責任。

拱廊

1 仙台市一番町商店街（2015・04）

2 東京都杉並區阿佐谷珍珠中心商店街（2013．03）

3 靜岡縣熱海市仲見世通商店街（2014．05）

讓我們延續前一個章節的討論。

當我們願意付出耐心長期守候，才能常保正向的態度和都市相處。換句話說，當把目光投向從過去到未來的漫長時間洪流時，我們才得以客觀審視自己之於都市的角色爲何。

都市不只屬於現在的居民。居住其中的人，更有義務把繼承而來的都市，如實地交付給未來。在日新月異的現代都市中，可能不大容易感受到所謂傳承一事，但這份責任不分居住時間的長短，此時此刻的每一個人都必須共同承擔。

也就是說，必須把我們的生活方式以及對都市的期許，放入過去—現在—未來這個長遠的時間軸中，時刻反思我們自身與都市共處的態度。

——這樣聽起來有些小題大作。但這指的不是凡事得戰戰兢兢，這跟我們思考人生時一樣，不能只顧著當下及時行樂，必須對自己的所作所爲隨時負起責任。

那麼該怎麼把都市放到過去—現在—未來的時間軸中思考？可以回到我在第二章所說的，把都市看成一本書。書中

拱廊風景

拱廊商店街雖然是戰後的發明，但在此之前，它們多半已是歷史悠久的繁盛商店街。隨著路線、城下町的町人地等都市脈絡不一，景色也大不相同。細看會發現，商店街的路寬、道路彎曲的程度、販賣的商品以及拱廊自身的構造等，充滿多樣的個性。拱廊商店街又被稱為「橫向的百貨公司」，是日本人試圖將街道室內化而誕生的獨特產物。不知為何，在西日本留下了特別多的拱廊商店街。我們一起來欣賞這些熱鬧的拱廊商店街。

1 **仙台市一番町商店街**（15．04）
仙台城下町時代的武家地，南北向的東一番町通。面南。每年七夕祭時，中央通將化身為祭典主舞台。

2 **東京都杉並區阿佐谷珍珠中心商店街**（13．03）
JR阿佐谷車站南口的珍珠中心商店街。站在入口處附近，面南。阿佐谷的南北向主要幹道中杉通，是二次世界大戰期間將建築拆毀後誕生的防火道。珍珠中心商店街也是在同一時期形成。可以看出過去主要供步行者使用，道路不僅狹窄且時有彎路。

3 **靜岡縣熱海市仲見世通商店街**（14．05）

的篇幅都是過去的積累，正在翻頁的我們既是讀者、也是作者，而收到這本書的下一代，未來也會加入作者的行列，讓這本書恆久地被編纂下去。在這個過程，很明顯地可以看出都市置身於過去—現在—未來的連動關係之中。

這時我們可以說「過去是爲了未來而存在」，因爲過去的經驗會成爲未來的基石。爲了未來著想，更應該好好重視過去。我所參與過的歷史環境保存運動，正是最好的寫照。

另一方面，當我們在推敲都市未來的變化走向時，可以試著從過去找出端倪。也就是說，過去會孵育出未來的都市構想。因爲我們不可能完全切斷與過去的連結，所以或也可稱「未來存在於過去之中」。我們從歷史之中學會教訓，以避免犯下不成熟的過錯，接著藉此教育下個世代，讓他們未來能夠走上正確的方向。

所以活在現代的我們，生來就負有責任，將過去從前人手上接到的棒子，交付給未來的主人翁們。

尊重過去、充實當下，這是我們現代人應盡的本分。所謂

JR熱海車站前，向西南延伸的拱廊商店街。面向車站。筆直的坡道和一旁蜿蜒的平和通拱廊商店街呈現兩相對照。

4 那霸市睦橋通商店街（2015．08）

5 大阪市中央區心齋橋筋（2011．01）

6 廣島市本通商店街（2010．12）

的結束人生或迎接死亡，也不過就是時間推演中的一個過程罷了，不需過度放大看待。總是會有下一個世代的人，帶著我們的寄託繼續努力下去。這聽起來有些樂觀，但我想有時人生中不可或缺的，就是這樣樂天的思考。

再拿前一個章節介紹的古川祭爲例。

負責舉行祭典的青壯年，理所當然正肩負著祭典的「現在」。但同時，也有把傳統交棒給下一代的責任。

我們在祭典的會場，時常可以看到年幼的面孔，各自以獅子舞、兒童神轎或音樂伴奏等各種方式加入祭典。這不只有祭典當天的參與，像爲了學習樂器的演奏，有時甚至得花上數個月來排練。透過這樣的過程，中生代得以順利地將傳統交付給下一代。

傾聽過去的寄託、活在當下，並把它交付給未來，這三種思緒在舉辦祭典的過程中並存。飛驒古川的人們想必也是在籌備祭典的同時，感受到歲月流轉中自己的存在價值，自然而然產生對未來的強烈責任感吧。

4 **那霸市睦橋通商店街**（15．08）
平和通南側，拱廊商店街彷彿渾然天成的迷宮一般相互交錯。照片中的睦橋商店街就是其一。站在南北向的睦橋商店街，面北。戰後在我部川上搭建屋頂而形成的商店街。名稱來自於國際通在我部川上搭建的橋梁。

5 **大阪市中央區心齋橋筋**（11．01）
在大阪，東西向道路稱為「通」，南北向道路則增作「筋」。地址也沿著道路編號。心齋橋的拱廊商店街長一．五公里，和御堂筋並行。照片是在南船場三丁目一帶，面北。

6 **廣島市本通商店街**（10．12）
近世的西國街道轉型為近代的商店街之例。橫斷廣島市中心的東西向道路。照片位於鯉城通東側，鄰近廣島電鐵的本通車站，面東。

我們每一個人都是在更宏觀的時間流動之中，才得以感知自己的責任與存在。然而令我憂心的是，在個人主義與享樂主義橫行的現今，這種感覺似乎已逐漸爲人所淡忘。

＊＊＊

我們現在所居住的都市，不是只屬於我們這一代的都市。被交付到我們手上的，不過是都市長遠歷史中的彈指一瞬罷了。在前一章節中我提到，在思索社區未來時，不應膚淺地追求當下的最大利益，而必須將目光放遠，顧及全體居民的共同幸福。

說到這裡，我認爲有必要把「公有地（Commons）」概念再重新拿出來思考。

所謂都市「公有地」，起初就是字面上公共的土地之意，但日後被延伸爲市民們所共享的基礎公共建設。當我們觀看都市的長期變化時，會發現都市的主幹其實正是由「公有地」

7 **名古屋市大須觀音通**（17．04）
名古屋的街道多半已整備為現代化道路，類似照片中懷舊下町氛圍的拱廊商店街已十分罕見。大須觀音的參道。東西向道路，面東。近年以包容多樣文化的城鎮，順利地轉型再生。

8 **金澤市近江町市場**（13．04）
在金澤當地歷史悠久的市場，專門販售生鮮食品。雖然二〇〇九年曾經歷過一部分的再開發，幸運的是一樓市場的氛圍被保留了下來。照片中所見的是再開發後，新建大樓與周邊拱廊的接合之處。近年市場的觀光化越來越顯著。

7 名古屋市大須觀音通（2017・04）

8 金澤市近江町市場（2013・04）

11 奈良市東向商店街（2015．03）

9 京都市上京區出町桝形商店街（2011．05）

12 神戶市元町通商店街（2012．12）

10 堺市堺東商店街（2012．09）

所構築而成。

出於其公共性質，公有地既屬於任何人，也不屬於任何人，可以做出一體兩面的解釋。也是因爲這點，「公地悲劇」的問題常伴隨而生。

公地悲劇指的是，在公有地放羊的牧羊人中，如果有人爲了貪圖獲利，帶了大量的羊來放牧，一旦其他人開始群起效仿，最終將導致牧草耗竭、過度放牧的全體悲劇。最一開始個人利益或許會增加，但最終只會形成整體利益的銳減。在公有地上，時常可見個人利益最大化與全體利益最大化相互抵觸的狀況。

這如果發生在都市，會變成怎麼樣呢？如果有人爲了追求個人獲益而掛上巨大招牌、一味地加速建設，當其他人也群起仿效時，將會促成整體的過度開發。可能會助長交通狀況惡化、破壞居住環境及景觀，最終只會導致悲劇的發生。

爲了避免這樣的事端，拿掉公有地，讓所有土地交由私人各自管理如何？但這樣會失去公有地的公共性質。如果想留

9 **京都市上京區出町　形商店街**（11．05）
桝形商店街是鯖街道的終點，位在京都東北側。離出町柳車站不遠。沿路店家擺設許多生鮮食品與日常生活雜貨，人潮往來充滿了活力。東西向商店街，面西。

10 **堺市堺東商店街**（12．09）
從南海電車　東車站往西延伸的　東商店街。東西向道路，面西。餐廳或日常用品雜貨店林立。

11 **奈良市東向商店街**（15．03）
區隔興福寺境內外的南北向商店街，面南。過去只有西側有町家林立，因此被稱為東向商店街。

12 **神戸市元町通商店街**（12．12）
元町通也是過去的西國街道，所以道路呈現了非常微幅的彎曲。全長一．二公里，東西向的商店街。照片拍攝於於元町五丁目，面西南。一八七四年，在現元町車站附近開設了三宮車站後，這一帶急速發展。

下公有地以維持公平，那可能得再加強規範或監視。但比起制約，其實最重要的是：該如何讓人們願意共同關注公有地的未來。

再回到都市議題上。或許可以把本章所提及的過去—現在—未來視角，看成一種概念上的基礎建設，也就是把這種觀點看作是一種公有地。換句話說，當我們把都市放到過去—現在—未來的時間軸時，都市就不再是當下生產與獲利的空間，而是我們長遠的居住歇息之地。

這也不正是社區營造的起點嗎？

但問題是居住場所在另一個層面而言，也是一種土地交易商品。居民所擁有的溫馨的家，既是居住場域，也是未來可能會面臨買賣命運的房地資產。

——該如何面對都市的這種兩面性？

如本章名稱所述，關鍵或許在於如何促成共識，讓都市裡

13 **松山市大街道商店街**（10．09）
過去武家地跟町人地的交界，日後成為松山主要的商店街。路寬十五公尺的南北向寬闊道路，面南。大街道商店街走到盡頭後右轉，銜接湊町的銀天街，再繼續前進，最後就會抵達伊予鐵道的松山市車站。過去舊市區的東南角，因此呈現 L 字型的商店街路線。

14 **熊本市下通商店街**（13．12）
過去是武士地區，一八七七年西南戰爭後重建，轉型為商業地區。現在成為照片上所見路寬十五公尺的大型商店街。面東北。和北邊的上通連接，成為主要的行人道路。

13 松山市大街道商店街（2010・09）

14 熊本市下通商店街（2013・12）

17 福岡市博多區川端通商店會（2010・06）

15 岡山市表町商店街（2013・09）

18 鹿兒島市天文館本通商店街（2012・10）

16 高松市丸龜町商店街（2013・02）

的每一位居民都願意身負重責，將前人的寄託如實地交付給未來的主人翁們。

15 **岡山市表町商店街**（13．09）
表町商店街是南北貫穿岡山城下町的山陽道。由表町內共八個不同街區所形成的超長拱橋商店街。站在中之街商店街，面南。

16 **高松市丸龜町商店街**（13．02）
高松的拱廊商店街總長二．七公里，是全日本第一。在丸龜町商店街的中心，有一座高達三十二公尺高的水晶玻璃圓頂。拍攝地點位於水晶玻璃圓頂不遠處。過去這一帶曾有一座常磐橋及高札場。

17 **福岡市博多區川端通商店會**（10．06）
由西北往東南延伸的拱廊商店街。站在商店街北邊入口，面東南。供奉祇園山笠的櫛田神社位於南側。

18 **鹿兒島市天文館本通商店街**（12．10）
天文館是鹿兒島繁華地區的整體通稱。本通是在市區電車天文館通車站北側的商店街。站在商店街入口處，面北。車站南側則是天文館通，一路向南延伸。在這一帶有許多商店街縱橫交錯其中。

從都市所學 之十

帶著想像力與共感力

要理解都市，首先必須認識都市的生活。
要認識都市的生活，首先必須培養想像力與共感力。

1 新潟縣村上市寺町（2016・10）

2 富山縣南砺市城端（2016・10）

3 京都市東山區石塀小路（2018．05）

4 長野縣須坂市浮世小路（2012．11）

最後一個章節，想和大家分享我作爲規劃者・設計者的一點心法。

當我以都市專業者的身份造訪各地時，常會碰到如「明明就不住在這裡，不要裝得一副很了解的樣子」「既然這麼有價值，那你怎麼不自己來住看看」等嚴厲指教。在我年輕時，特別容易收到這樣的意見。

確實，這些字眼聽了讓人有些頹喪。但無可厚非，如果沒有實際在當地長期生活過，確實有些事情是外人無法領會的。

有一回，我在岩手縣縣北的聚落進行大規模調查時，印象很深刻的是，幾乎所有的居民都異口同聲地向我分享當地冬春交際的景色。經過漫長嚴冬，在五月遲來的春日，樹木們彷彿在高呼春天的來臨，一齊綻放新芽的模樣。或者是彷若屏風在眼前開展，青綠的嫩芽高低錯落的模樣。這些景緻，替引頸期盼春天到來的居民們帶來無法言語的喜悅。我只能憑空揣摩這些畫面，沒有經過嚴冬考驗的人，確實很難想像他們迫切渴求春天的心情。

巷弄風景

巷弄（路地）是一種以徒步移動為前提所設計的空間。因為沒有受到汽車的佔領，以人為本的思維蘊藏其中。像這樣的巷道（細い道），往往和周邊的社區環環相扣、相互影響。

相較於以汽車為中心發展而出的都市幹道，巷道則與既有地形、周邊建築融為一體，創造出充滿個性的風景。不管是只能讓一、兩人通過的窄巷（細街路），還是稍有人跡的小徑（小径），分別有其匠心獨具之處。

每個都市空間形成了各自的樣貌，每一個相異之處都有其用意。而每一個用意，都在訴說它背後豐厚的故事。

我們每個人只能選擇一種人生，但不應該就此故步自封。就算沒辦法複製別人的經歷，至少可以站在對方的立場想像他的人生。當然，前提是我們也需要有豐厚的生活經歷。社區營造的起點，很多時候就從運用我們的想像力，去充實並感受對方的生命開始。

還有一個經驗，是某一個縣立復健設施改建計畫的諮詢。當時復健設施附近正好有鐵道路線經過，其中看得到列車的房間特別受到歡迎。聽說入住的病人們，每天滿心期盼著列車的出現、遠行，從中得到極大的滿足感。

我們可以試著想像他們的心情。隔著復健設施的玻璃窗，漫長的等待後終於看見列車出現，並且望著它往遠方疾馳而去。班次不多的列車，成了他們日復一日微小的生活目標。這同時也豐厚了他們的時間，就算那不過是數秒之間的事，但它所留下的滿足感卻可以回味許久。而就算在窗景中看不見，但列車的準時發車，也代表了站務人員正堅守著崗位。他們每天都透過窗景接收、感受這些訊息。

1 **新潟縣村上市寺町**（16．10）從小町往寺町的側巷（裏道），被稱為安善小路。經過市民運動的努力後，寺院與料亭的圍牆恢復成黑壁，讓街道的風景更具有一致性。

2 **富山縣南砺市城端**（16．10）臨接南北向國道三〇四號道路的橫丁。據說是城端最為狹窄的巷弄（路地）。右手邊掛著和菓子店的暖簾。

3 **京都市東山區石塀小路**（18．05）石板路使用了過往市區電車的軌道鋪石。大正時期以來，因為租賃產業盛行，石塀小路逐漸由市街地開發成住宅區。一九九五年，作為產寧坂重要傳統建造物群保存地區的一部分而被選定。

4 **長野縣須坂市浮世小路**（12．11）從上中町十字路口往東的小巷（小路）。此處曾有花街和一座稱為浮世橋的橋梁，因此被稱為浮世小路。面東。

5 大阪市北區曾根崎（2018・04）

6 大分縣豐後高田市新町通商店街（2009・08）

7 甲府市 OrionEast（2016・02）

8 宮崎市站前商店街阿彌路（2017・07）

對許多人來說，列車的準時抵達再理所當然不過。但對每天期盼著列車出現的病人們而言，這是在千篇一律的生活中，無可取代的小小喜悅。我想，他們因爲列車而對每一天產生了期待，並且從中獲取些微的成就感。爲什麼能看見列車的房間會特別受到歡迎？正是因爲這個窗景對他們來說別具意義。

其實運用我們的想像力與同理心，或多或少可以和他們產生相同的感受。對規劃者・設計者而言很重要的感知能力，取決於有無仔細留心周遭環境，能否從中找出生活的小小喜悅。

想像力能夠打破疆域，帶給我們無限的可能性。對於規劃者/設計者來說，若想要站在居民的角度理解他們的喜怒哀愁，貼近地方的想像力不可或缺。

我再舉一個例子。

搭火車旅行時，我特別喜歡眺望車窗外的風景。尤其是夜間行駛時，每當看著夜幕之中一盞盞閃爍的家戶燈火，我就

5 **大阪市北區曾根崎**（18・04）初天神通商店街往東折的小路。甫整備完成的死巷。到了晚上會變成露天咖啡座。

6 **大分縣豐後高田市新町通商店街**（09・08）說這是巷弄可能有些勉強的商店街。這條懷舊的商店街位於以「昭和之町」聞名的豐後高田。歷史聚落的景色反映了一店一寶運動等社區營造的成果。

7 **甲府市** OrionEast（16・02）在 Orion 通商店街東側，一條平行的南北向巷弄。面北。以時髦高級的印象越來越受到注目。

8 **宮崎市站前商店街阿彌路**（17・07）站在 JR 宮崎車站，面向西側市區。連接歷史悠久的廣島通。東西向道路，面東。二〇〇九年撤除拱廊，成為現今的模樣。

會忍不住想像那是一個怎麼樣的家庭，裡頭又裝載了多少的喜悅或悲傷。而不知爲何，每每都會陷入有些肅穆的情緒之中。每一盞燈火的背後，有形形色色的家庭故事，以及伴隨其中的生活喜樂哀愁。這些燈火，平整地散落在平原與山谷之間，在暗夜的籠罩之中微微閃爍。

要有豐沛的想像力，才能站在截然不同的立場去感受對方的心情。雖然我們一輩子只能體驗一種人生，但憑藉想像力，讓我們能夠部分地參透他人的生命。只要有了這般柔軟的思緒，或許就有可能完全理解在地。

只是想像力也需要鍛鍊。前往各個社區現場，盡可能地吸收並且廣泛地體驗。也唯有堅持勇往向前，才有可能與他者產生連結。爲了理解他人，必須具備站在他人立場著想的能力。而爲了理解地方，地誌、歷史或生活文化等地方背景的基礎知識，也同樣不可或缺。

確實，當我以外來的專業者進入社區時，永遠都是個外人。但我認爲，有些事情反而是外人才說得出口，因爲不需顧及

9 東京都文京區西片（2017・02）

10 東京都台東區谷中（2017・02）

13 神戶市北區有馬溫泉（2013 · 10）

11 京都市左京區西翁院周邊（2086 · 06）

14 廣島縣福山市鞆之浦（2016 · 09）

12 新潟縣佐渡市宿根木（2009 · 08）

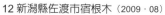

地方的世故人情，才能夠客觀的與其他地區比較。還有進入社區的「第一印象」，也是外來者才會有的觀感。

在這當中，我認爲最重要的是與當地生活共鳴、感同身受的能力。不管在哪裡，對居住其中的人而言都是無可取代的家。我們身爲外來者，首要能做的，就是盡可能地側耳傾聽。

同樣地，放在都市之上亦同。就像人與人之間一定會有無法理解的地方，但至少我們能夠站在他人的角度試圖想像。如果能以這種態度來認識都市，應該就不至於會被批評「不知道哪來的傢伙在說長道短」。

我想所謂的說服力，不止倚賴科學的數據或資訊，也取決於發話者的態度眞摯與否。

＊＊＊

從第一個心法開始，一路列舉到這裡。我認爲這十個心法間相互循環，接下來彷彿又可以回到最一開始，再重新討論

9 **東京都文京區西片**（17・02）此處過去是福山藩藩主阿部氏江戶中屋敷的所在地，明治以後，家主阿部家將此地整備為住宅區。現在也是閑靜的住宅區域。

10 **東京都台東區谷中**（17・02）谷中靈園西側的住宅區。過去的初音二丁目。近世以後，這條路也成為寺地與商人地區的交界。和照片9的西片僅相隔一公里遠。

11 **京都市左京區西翁院周邊**（86・06）西翁院以茶道、茶室「澱看席」聞名。照片是前往西翁院的石板路。面北。左右兩側是今戒光明寺其他塔頭的圍牆。封閉式的小巷。

12 **新潟縣佐渡市宿根木**（09・08）佐渡島作為北前船的中途停靠港而興盛。宿根木是位於佐渡島西南方的海港。由於平地面積有限，許多巷弄交錯於高密度的住宅群中。一九九一年被選定為重要傳統的建造物群保存地區。

對都市空間的敬意。帶著想像力回首前人的心境，有助我們更深入理解現代都市空間的重要性。所以我才不斷地強調，傳承是我們的重要使命。

歸根究柢，我想傳達的，早已超越了都市問題的範疇，而是人們居住在都市中的生活方式。

我所提出的這十個心法將會反覆地循環下去。但這不是在原地打轉，而是和社區營造朝著相同的目標持續運轉。

在這二、三十年間，網路科技或智慧型手機徹底改變了我們的生活，未來的變化想必會比現在更爲快速且顯著。對於那時的居民而言，都市究竟該扮演什麼角色，想必同樣需要借助想像力來激盪腦力。

但不論科學技術再怎麼進步、人際交往的形態是否改變，還是有永遠不變的東西。就像一年有四季一樣，世界上必然有恆久普世之物。

我想，不論假想實驗的科技再怎麼發達，人類終究還是需要一個滿足現實生活的都市空間。假使人類的身軀形態沒有

13 **神戶市北區有馬溫泉**（13．10）
記載於《日本書記》的古老溫泉地。聚落自古以來的市街地未曾改變，在斜坡地上旅館與商店街密集林立。站在外湯．金之湯一旁的坡道，面東。

14 **廣島縣福山市鞆之浦**（16．09）
鞆之浦是瀨戶內海航線的據點之一。通往常夜燈的巷弄，面西。小巷盡頭可以看到保命酒舖的杉玉（也稱作酒林）。向左轉是海岸方向。巷弄一路往更深處延伸。

15 **熊本市並木坂**（13．12）
從熱鬧的上通商店街繼續往北前進，就會來到並木坂。雖然是坡道，但坡度極緩，甚至讓人感受不出正走在斜坡之上。路名經過公開募集而決定。站在道路中央，面南。遠處可以看到上町商店街的拱廊。

15 熊本市並木坂（2013・12）

18 愛知縣豐田市足助町（2010．03）

16 金澤市東山東茶屋街一番丁（2010．10）

19 倉敷市本町（2013．09）

17 新潟市中央區東新道通（2016．04）

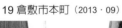

太大變化，人與都市空間的關係應該也不會產生巨變。如果眞的是這樣的話，未來我們仍舊會和都市並肩走下去。對於都市空間的寄託，也會恆久地累積下去。

這麼一說，我也不能停下學習的腳步才行。我想這是我存在的價值，也是我對都市的貢獻之一。

團隊合作可以發揮一加一大於二的效益，這也是個普世的眞理。所以走在社區的路上，我們都需要夥伴。我由衷地期待在下一個都市、在想像/創造都市生活的現場之中，能夠有榮幸與各位夥伴相遇。

16 **金澤市東山東茶屋街一番丁**（10・10）
知名的二番丁茶屋街旁，南側的一番丁茶屋街。東西向道路，面東。此區於二〇〇一年被選定為重要傳統建造物群保存地區。

17 **新潟市中央區東新道通**（16・04）
東新道是東堀通與古町通之間的南北向巷弄，通稱為鍋茶屋通。面北。在九番町一帶，這條巷弄仍留有古町過往的花街風情。

18 **愛知縣豐田市足助町**（10・03）
足助是中馬街道的宿場町，作為鹽貨的運輸集散地而繁盛一時。照片中是萬林書店旁的坡道，又被稱作萬林小路。二〇一一年被選定為重要的傳統建造物群保存地區。

19 **倉敷市本町**（13・09）
從本町通往倉敷川方向延伸的窄巷，面南。遠處可以看到倉敷川畔的綠意。

結語

雖然我有不少寫書與編書的經驗，但如本書文案所訴求的「獻給投身社區營造的青年世代」所示，邊下筆邊在心中描繪著明確的讀者樣貌，這倒是頭一回。之所以特別想寫給年輕朋友們，最主要的緣故，就是來自於二〇一八年三月在東京大學的退休演講。雖然我不很擅長講述我自己的故事，但在這場演說中，我決意將我從都市身上一路的所學，分享給年輕學子。

研究生活最初的階段，我跟其他多數初出茅廬的研究者一樣，對自己從事的研究沒什麼自信。總是半信半疑，對我而言再重要的問題意識，放在這個社會上，會不會終究只是件無關緊要的小事。而今回想，畢竟當時實際經驗不足，會缺乏自信也是無可厚非。

日後親身前往各式大小都市，有機會與在地的前輩們接觸，日夜與都市空間搏鬥的過程中，才發現我所有的自我懷疑，一一都轉變爲確信。之所以會有這樣的改變，回首過往，我想是因爲都市無形中教了我許許多多的道理。

把這些基本態度交棒給下個世代，我相信是我們這一代的責任，也是我將此書付梓的最大動力。現在終於要換我，將從都市身上的所學交付給年輕一輩的夥伴們。

如書中所述，雖然我也多少存留質疑，究竟我個人的所學是否具備普世性，又能獲得多少讀者共鳴。但如同都市所告訴我，眞理可以從個別案例中歸結而出，或許正可以透過此書來實驗這件事也說不定。

相信讀者們都能感受到，彷彿各位與我面對面一般，這本書以一種娓娓道來的口吻寫成。可能會讓各位覺得有些陳述稍嫌冗長，但之所以刻意嘗試這樣的寫法，是因爲想藉此讓都市的故事更容易被傳頌下去。

此外，本書的另一個特別之處在於收錄了大量的圖片，並且近乎都以全彩刊登。正如我在「序」中所提到，用再多文字也無法詮釋的都市空間魅力，有時僅僅一張照片就能遠勝過千言萬語。

所以我特意拜託了學藝出版社的前田裕資先生，讓這本書能夠圖文並陳，甚至以兩兩相同的分量刊出。所有照片都是我自己拍攝的，所以對我來說每一張都有很深的回憶。從這些照片中也可以看出，親自走進現場觀察是十分重要的事。

這些充滿魅力的空間，是由這個國家裡每一位生活者共同打造而成。用比喻來說，都市是一個用它自己的「構想力」所交織而成的三維空間，而生活在都市的我們每一個人，既是「構想力」的一部分，也無時無刻受到「構想力」驅動至今。說到這裡，不覺得日本的都市還有許多值得發掘的魅力嗎？

＊

當年的年輕研究者，一路跌跌撞撞、摸索如何與都市爲伍至今，一晃眼就過了三十年。在這三十年間，許多引領我的先進們，早一步離開了人世。比如說在本書中登場的小樽的峯山富美女士。還有函館的田尻聰子女士、角館的高橋雄七先生、喜多方上一代的佐藤彌右衛門先生、足助的田口金八先生、琴平的位野木峯夫先生、柳川的廣松傳先生、竹富島的上勢頭芳德先生等等。光是如今下筆回想，彷彿都還能聽到他們的教誨言猶在耳。

此外，還有朝日新聞的石川忠臣先生、環境文化研究所的宮丸吉衛、從朝日新聞轉至千葉大學任教的木原啓吉老師、京都大學的西山夘三老師、東京大學的稻垣榮三老師、我的恩師大谷幸夫老師、從橫濱市前往東大任教，同時也是我的同事的北澤猛老師、九州藝術工科大學的宮本雅明老師等，此刻腦海中浮現的身影，用十隻指頭也數不盡。

最遺憾的是，在二〇一八年九月，學藝出版社的京極迪宏先生也同樣前往他界。很可惜沒能讓京極先生親眼看到此書的付梓，謹將這本拙作奉獻給諸位先進。

行筆至最後，誠摯地希望，本書能夠確實在每一位立志獻身於社區營造的年輕朋友心中激盪出共鳴。

二〇一九年二月　西村幸夫

致謝

本書編輯過程特別感謝林崇傑、褚瑞基、林美吟、林芝羽等師長先進爲譯稿提供建議與諮詢，以及書展基金會、臺北市政府產業發展局、台灣文創發展基金會等單位在書籍推廣活動方面的諸多贊助與支持。

國家圖書館出版品預行編目（CIP）資料

東京大學最終演講 ：我與都市共學的這條路 / 西村幸夫著 ；廖怡鈞譯．— 初版．— 臺北市：遠流 ,2020.02
面； 公分．—（綠蠹魚；YLF61）
譯自：都市から　んだ10のこと ：まちづくりの若き仲間たちへ
ISBN 978-957-32-8715-5（平裝）

1. 都市發展 2. 都市計畫

545.1　　108022857

綠蠹魚　YLF061

東京大學最終演講——我與都市共學的這條路

企劃統籌——台灣歷史資源經理學會
顧　　問——丘如華
作　　者——西村幸夫
譯　　者——廖怡鈞
主　　編——曾慧雪
企　　劃——葉玫玉

發行人——王榮文
出版發行——遠流出版事業股份有限公司
100 臺北市南昌路二段 81 號 6 樓
郵撥／ 0189456-1
電話／（02）2392-6899　傳眞／（02）2392-6658
著作權顧問——蕭雄淋律師
2020 年 2 月 1 日　初版一刷
售價新臺幣 320 元（缺頁或破損的書，請寄回更換）

ISBN 978-957-32-8715-5
遠流博識網 http://www.ylib.com　E-mail: ylib@ylib.com

TOSHIKARA MANANDA 10 NOKOTO: MACHIZUKURI NO WAKAKI NAKAMATACHI E by YUKIO NISHIMURA

Originally published in Japan in 2019 by Gakugei Shuppansha, Kyoto
Traditional Chinese translation rights arranged with Gakugei Shuppansha, Kyoto through AMANN Co., LTD. Taipei.